JN290876

教職をめざす人のための
教育心理学

藤田主一
楠本恭久 編著

伊坂裕子
横川ひさえ
田之内厚三
久我隆一
三村　覚
齋藤雅英
山田清陽
岡部康成 著

福村出版

[JCOPY]〈出版者著作権管理機構 委託出版物〉

本書の無断複写は著作権法上での例外を除き禁じられています。複写される場合は，そのつど事前に，出版者著作権管理機構（電話 03-5244-5088，FAX 03-5244-5089, e-mail: info@jcopy.or.jp）の許諾を得てください。

まえがき

　このところの新聞やテレビの報道を見ると，学校教育に関係した内容が数多く登場している。たとえば，教員免許の更新制，学力の低下，ゆとり教育の見直し，小中一貫教育あるいは中高一貫教育の推進，特別支援教育のスタート，道徳教育の充実など，キーワードだけを取り上げても，わが国の教育界に大きな衝撃を与える内容である。これらはおそらく，今までの教育を否定するものではなく，視線を児童生徒の成長に合わせ，学ぶ力を伸ばし，教える技量を高めるための施策であるに違いない。このような教育環境の変化のなかで，学校という社会に集う子どもたちや教師は，何を目標に時間を共有していくべきなのだろうか。

　家族関係が中心の家庭教育から離れ，幼稚園や保育所，さらに小学校から中学校へと進む子どもたちは，学校という場で学ぶ楽しさを経験することも多いはずである。他方で，心の問題から不登校に苦しんだり，仲間とのトラブルに悩む子どもも多く，学校生活に起因するさまざまな不適応への対応が急務となっている。教師や保護者だけでなく，子どもたちとかかわるすべての人たちが協同して行う「共育」の重要性が問われているといってよい。教育は共育に通じるはたらきであるといえる。

　教育心理学は，教育に関するさまざまな事象について，心理学的に研究し，教育の効果を高めるために必要な心理学的な知識や技術を提供しようとする学問である。この定義に従えば，教育心理学は子どもたち一人ひとりの成長発達の問題からはじまり，家庭教育や学校教育，社会教育の方法，そこから得られた教育的な成果を明らかにしていくことが求められる。学問体系の構築はもちろんであるが，生き生きと活動する子どもの目線にたった実践研究である。

　本書『教職をめざす人のための教育心理学』は，教職課程において教師をめざして勉学に励んでいる学生が，いつも座右に置いて参照できる新しいテキストである。また，現在教職に就いている教師や，家庭のなかで子どもと接している人にとっても十分役立つ内容になるように編集されている。一般に教育心

理学の四大領域といわれ，従来のテキストが広く採用する「心身の成長と発達」「学習と学習指導」「人格と適応」「教育測定と教育評価」という基本的項目のなかに，最新の研究成果と学校現場での実践成果を取り入れることに心がけたつもりである。その意味で，本書は現場と遊離した単なる学問書ではない。将来教職に就いて教師という立場になったとき，教職課程で学んだ教育心理学の内容を自身の教育活動に活かしてほしいものである。

　本書のもうひとつの編集目標は，タイトルにもあるように「教職をめざす人のため」である。学習意欲があり教職への志向性が高くても，現実問題として教員採用試験に合格し採用されなくてはならない。本書の12章は，教員免許状の取得へのプロセス，関連法規，介護等体験や教育実習の方法，最近の教員採用試験の傾向と対策などが解説されている。従来の教育心理学のテキストには見られない構成である。大いに活用してほしいと思っている。本書のなかで展開されている諸問題を，現在ならびに将来の視点にたって役立つことができれば幸いである。

　　2008年3月

　　　　　　　　　　　　　　　　　　　　　　　　編者を代表して
　　　　　　　　　　　　　　　　　　　　　　　　藤　田　主　一

目　次

まえがき

1章　学校と教育心理学 …………………………………… 9

1 節　教育実践と教育心理学　9
2 節　教育心理学の方法　15
3 節　教育心理学の課題と役割　18
4 節　教育心理学の領域　21

2章　発達の理論 ……………………………………………… 23

1 節　発達の基礎概念　23
2 節　発達に影響を及ぼす要因　25
3 節　発達段階　28
4 節　発達の諸理論　28
5 節　発達研究の方法　34

3章　乳幼児期の発達 ………………………………………… 37

1 節　身体・運動機能の発達　37
2 節　認知機能の発達　40
3 節　社会性の発達　44

4章　青年期の発達 …………………………………………… 48

1 節　青年期とは何か　48
2 節　青年期 ―その基本的意義―　53
3 節　青年期の心理と行動　54
4 節　おとなになれない若者たち　60

5章　学習の理論 …… 63

　1節　学習の概念　63
　2節　条件づけ　65
　3節　技能学習　69
　4節　認知学習　70
　5節　学習と記憶　72

6章　効果的な学習 …… 75

　1節　動機づけとやる気　75
　2節　学習指導法　79
　3節　指導の背景　82

7章　パーソナリティの理解 …… 89

　1節　個性としてのパーソナリティ　89
　2節　パーソナリティの形成　91
　3節　パーソナリティ理論　95
　4節　パーソナリティ理解の方法　100

8章　知能と学力の理解 …… 105

　1節　知能　105
　2節　知能測定の歴史　108
　3節　学力　112
　4節　知能と学力との関係　116

9章　不適応行動の理解 ……………………………………… 118

1節　欲求と欲求不満　118
2節　適応機制　122
3節　不適応行動と問題行動　124
4節　問題行動の現状　126

10章　学校と教育相談 ……………………………………… 132

1節　「心の教育」に求められる教育相談　132
2節　教育相談とは　133
3節　教育相談の考え方　137
4節　不登校と教育相談　141
5節　発達障害と教育相談　143

11章　教育評価 ……………………………………………… 146

1節　教育評価とは　146
2節　教育評価の方法　148
3節　教育評価の現状と新しい展開　151
4節　教育統計の基礎　153

12章　教員採用の現状と対策 ……………………………… 160

1節　教育基本法と教育職員免許法　160
2節　教職をめざす人のために　169

参考文献
人名索引
事項索引

1章 学校と教育心理学

1節　教育実践と教育心理学

　教育心理学は，教育活動を心理学的な立場から追究し，さまざまな教育実践上の課題を解決することを目的とする学問である。その意味で，教育心理学は子どもたちの成長発達の問題からはじまり，彼らをとりまく環境，すなわち家庭教育や学校教育，さらに社会教育にいたるまでの諸問題に立ち向かわなければならない。

　ここでは，心理学と教育心理学の歴史をふり返りながら，教育心理学の方法や役割，またその領域などを展望していこう。

1　教育と教育心理学

　今日，子どもたちはかつてないほどに複雑で多様な価値観の世界におかれているといってよいだろう。家庭においては，子どもの成長とともに親の期待が変容したり，親の教育観そのものが揺れ動くことがある。親子を中心とした家族関係は，子どもだけではなく家族全員の生活に深い影響を与える。学校においては，そこで出会う教師や仲間との人間関係，教科学習による知識の習得の差異などが，本来の生き生きとした子どもの姿に影を落とすこともある。学習を基本とする日々の学校生活が，その後の人生を変えることも考えられる。

　新聞やテレビなどのマスメディアは，毎日のように子どもたちの現状を報道し続け，彼らが抱える問題点を社会に訴えようとしている。それは無限の可能性を表出する前進的な姿だけでなく，非行や犯罪，いじめや不登校に代表される危機的な部分にまでおよぶ。幼稚園の園児から高校生，大学生にいたるまで，教育の場でふれ合い学ぶことの楽しさを体験する子どもは多い。しかし，他方で心の問題から自分を見失ったり，仲間とのトラブルに悩む子どもも多いのが現状である。教育はどうあるべきかが改めて問われる。

子どもがすくすくと成長する姿は，人間がもっているすばらしさを教えてくれる。子どもによって発達に違いはあるが，その子らしく育ってほしいと願わずにはいられない。育ちゆく子どもの姿と直接かかわることができる仕事は，教師をおいて他にはないであろう。したがって，教育をとおして教師が体験する喜びは，家庭のなかで体験する親の喜びと同じように大きい。

ところで，社会のしくみが複雑化，多様化するにともない，学校教育が果たす役割を一面的に捉えることがむずかしくなっている。教育そのものはきわめて身近な問題であるが，子どもたちが置かれている自然環境や社会環境などと切り離して捉えることができないからである。教師はもちろんのこと，教師をめざす学生や各種の教育機関とかかわっている人は，教育のもつ重要性を再認識しなくてはいけない。さらに，教育そのものは主体的に行われる場合が多いため，「教育とは何か」を問うとともに，「いかに教育すべきか」という理念にもとづいて実践されるものである。

教育現場においては，子どもと教師との関係や個別の対応に心理学的な見方を求められる場面がふえている。ゲーツも主張するように，よりよい教育の効果を目標とするとき，教育心理学はたんなる教育と心理学との融合ではなく，独自の体系と専門性をもつ学問でなければならない。

2　心理学の発展

かつて，ドイツの心理学者エビングハウスは「心理学の過去は長く，歴史は短い」と述べたという。教育心理学の誕生と発展は，心理学の歴史と密接に関係している。それではここで，心理学の流れについて概観してみよう。

　a　構成心理学　心理学のルーツは，古代ギリシャやローマの時代に求められる。古代ギリシャ時代のアリストテレスは「デ・アニマ（精神論）」という書物を著し，心の問題を最初に取りあげた。その後の心理学は哲学の領域としての歴史をたどるが，心理学を科学的な立場から基礎づけたのはドイツのヴントである。彼は，1879年にライプチヒ大学に心理学実験室を創設し，心の問題を哲学から分離させて科学的に解明しようとした。ヴントは「意識」を心理学の主要な研究対象と考え，それを感覚，感情，観念（表象）という3種の要素に分けて追究しようとしたので，彼の心理学は構成心理学，あるいは構成主義とよば

れている。心理学に新たな視点を取り入れたヴントの多大な業績をたたえ，1980年7月にライプチヒ大学で国際心理学会が開催され，全世界から多くの心理学者が参加した。図1-1は，そのときに配布されたリーフレットに掲載されたヴントの雄姿である。

b **機能心理学** ヴントの構成心理学に対して，アメリカの心理学者は意識が

図1-1 ヴント

どのような要素から構成されているかよりも，意識の機能を重視していた。実用主義（プラグマティズム）の観点から環境に対する意識のはたらきに注目し，適応や個人差の問題に関心をもったのである。機能心理学の創始者であるジェームズは，情緒や知性，道徳などの発達的な課題，記憶や学習の転移，情緒的反応に関する研究を行った。また，デューイはこの学説を発展させ，学習を個人と集団の活動をとおしてプロジェクトする方法を構築していった。

c **行動主義の心理学** アメリカのワトソンは，科学としての心理学の対象は客観的に観察が可能であり，物理的に測定できるものでなくてはならないと主張し，そのためには意識を研究するよりも行動を研究すべきだと考えた。行動主義の樹立である。ワトソンの主張は内観という方法への批判であったが，アメリカの心理学界を中心に広く支持された。それは，どのような刺激（S）に対してどのような反応（R）が生じるかを分析していくものである。彼は，パヴロフの条件反射理論の影響を受けたといわれている。

d **新行動主義の心理学** アメリカのハルは，ワトソンの行動主義の学説をさらに発展させた。彼は，刺激（S）－反応（R）との間に生活体（O）をおき，S－O－Rのシステムで行動を説明しようとした。生活体は，彼らがもっている欲求の状態によって，同じ刺激が加えられても反応が異なるのである。この

図1-2　ライプチヒの街並みと大学
（1980年当時）

立場は新行動主義とよばれ，ハルをはじめトールマンやスキナーなどの学者を輩出した。現代の学校教育は一斉授業の方法を用いているが，教室では一人ひとりの児童生徒の動機づけをいかに高めるかが問われている。

　e　ゲシュタルト心理学
　ドイツでは，ヴントの構成心理学に対立するかたちでゲシュタルト心理学が誕生した。ゲシュタルトとは，「要素や部分に分析できず，しかも要素以上の性質をもつ全体」という意味である。この心理学を提唱したウェルトハイマー，コフカ，ケーラー，レヴィンたちは，知覚研究を出発点にさまざまな領域で活躍した。ウェルトハイマーは仮現運動を発見し，コフカは環境の区分や発達心理学の領域で業績をあげた。ケーラーは類人猿の知能や問題解決行動を研究し，また，レヴィンは動機づけやグループ・ダイナミックス，場の理論などの領域で活躍した。

　f　精神分析　オーストリアの精神科医フロイトは，ヒステリー患者の治療の過程から，心的世界のなかに無意識の層があることに言及した。また，彼はイド（エス），自我（エゴ），超自我（スーパーエゴ）という3つの構造で人格を考え，なかでもイドは性の衝動によって支配されていると主張した。精神分析は，汎性欲説の立場から性的欲求と文化とを結びつけて関係づけようとしたが，ユングやアドラーたちはフロイトの学説に批判的で，のちに彼から離れていった。その後，フロム，ホルネイ，サリバンたちは新フロイト学派をつくり，母子関係や社会的環境を重視する人間観を形成していった。

　教育心理学は，心理学の発展と切り離してとらえることはできない。それは，教育心理学のなかに，さまざまなかたちで心理学の思想や理論，研究成果などが入っているからである。

3　教育心理学の成立

　教育心理学の萌芽は，18世紀以降，フランスの思想家ルソー，スイスの教育者ペスタロッチ，ドイツの教育学者ヘルバルト，ドイツの教育者フレーベルなどに発しているといってよいだろう。哲学者であり教育学者でもあったヘルバルトは『教育学講義綱要』を著し，教育の目的を倫理学に，教育の方法を心理学に求め，教育心理学は一般心理学の法則を教育に適用させることで，独立した学問と位置づけた最初の学者であった。彼がうちたてた予備，提示，比較，総合，応用という5段階教授法は，現代においても教授法の基礎になっている。そのため，ヘルバルトは教育学の世界で「教育心理学の父」といわれている。

　19世紀の中ごろから，ダーウィンの進化論の考え方が動物や人間の研究に影響を与えはじめた。進化論に強い影響を受けたイギリスのゴールトンは，天才の研究や心理テスト，評定尺度の研究を行い，遺伝や個人差に関する数多くの業績をあげた。またキャッテルは，はじめて「メンタル・テスト」を考案して知能検査作成の先駆となったが，今日の知能検査の形が登場したのは，1905年にビネーとシモンがフランス政府の依頼によって完成させたものである。

　一方，教育についての科学的なアプローチは，ヴントの弟子モイマンによってはじめられた。彼は実験の方法を教育に応用し，実験教育学という新しい学問を誕生させ『実験教育学入門講義』(1907～1914年) を著した。この書物には，児童の精神的・身体的発達，児童の精神機能（記憶・思考・意志・情緒など），児童の個性，知能の個人差，教科学習における児童の行動，教科教授法というように，今日の教育心理学が扱う内容が取りあげられている。

　アメリカのソーンダイクは『教育心理学』全3巻 (1913～1914年) を著し，教育心理学の体系化をはかった。彼は，動物の学習実験をとおして，準備の法則，効果の法則，練習の法則という学習の原理を発見した。また，彼は学力を客観的に測定するための教育測定運動を展開し，教育心理学の成立と発展に多大な影響をおよぼした。そのため，ソーンダイクは心理学の世界において「教育心理学の父」といわれている。

　その後，学習の転移や動機づけ，テスト測定などの研究，乳児期から青年期にいたるまでの心身発達の研究がさかんに行われた。一般心理学の研究や教育心理学と深くかかわる研究は，ゲーツの『教育心理学』(1947年)，クローの『教

育心理学』(1948年),スキナーの『教育心理学』(1958年)などの書物となって次々に公刊されていった。これらの欧米を中心に研究された教育心理学に関する数多くの成果は,第二次世界大戦をはさんで広くわが国に紹介され利用されるようになった。

4 わが国の教育心理学

わが国の教育心理学は,アメリカやヨーロッパの影響を受けて大きく発展したといってよい。とくに,第二次世界大戦以降,わが国の教育改革が行われるにともない,従来の教員養成系大学のほかに一般大学にも教職課程が置かれ,教員免許を取得できるようになった。そのなかで,教育心理学が教員養成のための重要な科目として位置づけられ,スキナーのプログラム学習,ブルーナーの発見学習,オーズベルの有意味受容学習,クロンバックの適性処遇交互作用などが導入された。さらに,ピアジェの発生的認識論の考え方は,児童生徒の発達研究に大きな意味をもった。

教育心理学研究の高まりを受け,1959(昭和34)年,城戸幡太郎(きどまんたろう)を初代理事長に迎えて日本教育心理学会が発足し,同年に第1回総会が東京大学で開催された。機関誌『教育心理学研究』の刊行をはじめ,学会の活動は戦後の教育に大きな役割を果たしてきたが,2000(平成12)年の第42回総会が20世紀最後の節目として東京大学で開催されたことは意義深いものがある。現在の日本教育心理学会は,専門領域として,原理・方法,発達,教授・学習,人格,人間関係・社会,測定・評価,遅滞・障害,思考・認知,臨床の9部門が含まれ,7,000名を超える会員が所属し,さまざまな研究と実践活動を行っている。

1989(平成元)年に教育職員免許法が改正され,教職に関する科目が「教育の本質及び目標に関する科目」「幼児,児童又は生徒の心身の発達及び学習の過程に関する科目」などに改められ,前者を教育原理,後者を教育心理学(または発達と学習)という科目名で講座を開設する大学が多い。さらに,1998(平成10)年に再び教育職員免許法の一部が改正され,2000(平成12)年度の新入生から新基準が適用されることになった。専門分野の学問的知識よりも,教え方や子どもとのふれあいを重視し,教師として学校教育活動の遂行に直接かかわる「教職に関する科目」を充実した。また,教授方法としては体験や演

習を重視する。新基準は教育心理学を「教育の基礎理論に関する科目」として位置づけ、「幼児・児童及び生徒の心身の発達及び学習の過程（障害のある幼児・児童及び生徒の心身の発達及び学習の過程を含む）」科目であることを求めている。したがって、これからの教育心理学は、学問研究とともに教育現場における実践活動がいっそう期待されるものと考えられる。

2節　教育心理学の方法

　教育心理学は実証科学であるため、研究の目的や性質また実践活動の目標などによっていろいろな方法が用いられる。とくに教育実践という観点にたてば、①実態を把握する研究、②教育の効果を知るための研究、③実践指導上の必要から学習や性格、行動などのしくみを追究するための研究の3種類に大別することができる。

1　観察法

　観察法は、教育のために必要な資料を収集するもっとも基本的で重要な方法であるが、科学的という意味では観察結果の記録、数量化、処理方法などがきちんと定められていなければならない。教育現場で用いられる観察法には、自然的観察法（児童生徒の行動をありのままに観察する）と実験的観察法（観察が必要な行動を人為的に操作する）がある。なかでも自然的観察法は、教室内外の児童生徒の行動をふだんの姿のままに捉えることを目標にしている。それは、①面倒な設備を必要とせず、いつでも、どこでも容易に観察できる、②実生活のなかで起こる行動や経過を把握しやすいなどの特徴があり、教師にとってはもっとも大切な方法である。

　客観的に観察するには、①何のために観察するのかという目的意識をもつこと、②観察方法の視点を定めること、③人的・時間的に組織立てることが重要であり、つねに素朴な気持ちと謙虚な態度を失わないようしなければならない。学校における児童生徒の行動観察は、たんに平常場面だけでなく、競争場面や危機場面などのあらゆる状況について行うことが必要である。観察を組織立てて行う手順には、時間見本法や品等尺度法などの方法が利用できる。

2　面接法

　個人の考え，悩みや不安，対人関係や将来への希望などを知るには面接による方法がもっとも直接的であるため，教育現場ではしばしば用いられる。面接は，面接をする人（教師，相談員，カウンセラーなど）が児童生徒と主に言語のやりとりをとおして，彼らの内的世界を把握するものである。児童生徒を理解し指導しようとするとき，数量的なデータを得るだけでは十分とはいえない。面接は，子どもたち一人ひとりがかかえる問題を的確につかむことができる方法である。とくに臨床場面に携わる面接者は，教育心理学の知識はもちろんのこと，精神医学や臨床心理学，ケースワークなど，人間行動についての高度な知識と深い人間愛をもっていることが必要である。面接そのものが与える影響をいつも考えておかなければならない。

　面接者にとってもっとも大切なことは，被面接者（児童生徒など）との間にラポールが成立することである。ラポールとは，両者の信頼関係，親和関係，意志の疎通性などを指すことばであり，相手が楽な気持ちで面接を受けられるような雰囲気をつくることである。秘密を守り，面接によけいな心配や不安をもたせないようにする。また，面接者は相手に対して先入観や偏見をいだいてはいけない。ハロー効果（光背効果）が起こると正しい面接に臨めないからである。成績が良いと，行動までよくみられてしまうのがそのよい例である。

3　テスト法

　児童生徒に対する評価は，主観的な思い込みがはたらきやすい。そこで客観的に個人の心的特性（知能，学力，性格，適性など）を測定・評価する方法が必要になる。各種の心理検査はこの目的のために作成されるが，そのためにはきちんとした標準化の手続きが求められる。信頼性，妥当性，弁別性，客観性，経済性などの要件がそれである。

　心理検査は，得られた結果がその個人の心的特性の個人差を明らかにするものでなければならない。知能や性格，適性などの特性は潜在的な場合が多いが，測定した結果は個人のその後の行動を予測させるものである。また学力や技能などは，潜在的な能力にもとづいて習得したものといってよい。心理検査による測定は，正しい診断と評価のための機能である。

4　質問紙調査法

児童生徒の実態や意見，態度などを調査して資料や情報を得ようとするとき，あらかじめ知りたい質問項目を用意し，質問紙（アンケート）として印刷した用紙を配布し回答させる方法である。質問項目はできるだけ具体的で簡潔していることが望ましいが，個人情報の収集には万全の注意が必要である。

質問紙調査は実施法が簡単なため安易に用いられやすいが，質問項目や結果のまとめ方に十分な吟味が必要である。一方的な回答を暗示したり，社会的または道徳的に問題となる項目は避けなければならない。児童生徒の過去から現在までの事実を客観的に回答させる場合と，興味や関心，意見や態度などを主観的に報告させる場合がある。回答には，「はい・いいえ」「○・？・×」でチェックする方法，いくつかの回答のなかから適当なものを選択する方法，自由意見を記述する方法などがあるが，短時間で終わり，彼らの負担を少なくする工夫が必要である。

5　事例研究法

事例研究法（ケース・スタディ）とは，児童生徒がかかえる諸問題を多角的に分析し，その問題に適切な指導や援助を行うための具体的な処置を計画することをいう。たとえば，個人の成育歴，健康の記録，家庭環境，学校での様子，学校の取り組みなどの分析をとおして，問題が発生した要因や経過を正確に理解し，その解決に役立てていく方法である。教育の場面では，反社会的・非社会的な行動や，さまざまな障害をもつ児童生徒とのかかわり方を見出そうとするときなどに利用されている。

6　その他

以上は，教育心理学の研究や実践活動で広く用いられている方法であるが，このほかにも，自叙伝法，逸話記録法，日記法，作品法，社会測定法（ソシオメトリー）などの方法がある。どのような方法を用いるにしても，計画から解釈にいたるまで科学的にすすめることが大切である。

3節　教育心理学の課題と役割

　教育心理学は，現実の教育活動のあらゆる面からその課題を把握しなければならない。学校教育の主役は子どもたちであり，いかなる状況においても尊重されるべきである。教育心理学が一般心理学と共通の問題を扱うことは否定できないが，同時に独自の研究領域の開発や実践にそった研究成果も発表されている。つねに教育現場と遊離しないようにつとめている。

1　教育心理学の課題

　一般心理学で得られた研究成果をそのまま教育に応用するだけでは，本来の目的を果たせないばかりか，不十分といわざるをえない。教育心理学には学問として理論的に研究する立場と，学校教育の実践のための立場という2つの側面がある。後者は，まさに現場教師にとって身近なテーマとなろう。教師が児童生徒の行動を正しく理解し，適切に指導しなければならないことはいうまでもない。いま，教育心理学の課題を列挙すれば，次のようになる。

(1) 現場で基礎的なもの：①発達に関する諸問題（児童心理学，青年心理学を含む），②人間形成に関する要因（遺伝と環境）など。

(2) 現場で中心的なもの：①学習に関する諸問題（学習形成の理論，学習指導の心理，学習環境など），②教育測定と教育評価，③パーソナリティと適応に関する諸問題（教師の心理，精神保健などを含む），④心身障害をもつ子どもの心理と教育，⑤教育工学（コンピュータ教育を含む）など。

　教育の効果を高めるために，教師が教育心理学の知識や技術を習得することは必要不可欠である。教職課程において，学生が教育心理学を学ぶ意義はまさにこの点にあるといってよいだろう。

2　教育心理学の役割

　教育心理学は「教育」と切り離して考えることができない。かつて教育心理学者のスキナーは，教育活動において「何を」(what)，「なぜ」(why) という質問に答えるのが「教育哲学」や「教育原論」の役割であり，「どのようにして」

(how),「いつ」(when) という質問に答えるのが「教育心理学」の任務であると述べたという。すなわち，教育学は教育活動についての「目標」や「本質」を，教育心理学はその「実践」を基礎としているということであろう。この実践こそが教職課程としての教育心理学の中心的なテーマである。

　教師は，よく医師と比較されることがある。医師は患者の訴えをきき，さまざまな臨床検査の結果から病状の原因をさぐり診断をくだす。そして，患者にとっていちばんよい治療法を施す。教師の仕事も医師のそれとまったく同じと考えられる。教科活動であれ，特別活動であれ，教師はつねに児童生徒の視線にあわせ，一人ひとりの能力や個性を理解（診断）していく。さらに，彼らがもっている可能性を引き出したり，問題をかかえていれば適切な指導（治療）を与える。今日，診断だけでなく治療のできる教師がどのくらいいるだろうか。教師と児童生徒との信頼関係は，教育活動の基本である。医療の分野でインフォームド・コンセント（説明と同意）といわれる医師と患者との相互関係が求められるのと同様に，教育の分野でも教師の一方的なかかわり方でなく，教師と児童生徒との相互関係のうえに成立することを忘れてはならない。

3　教育心理学と学校心理学

　近年，教育心理学の一領域として，教育現場における心理教育的援助サービスへの取り組みをめざした学校心理学が注目されている。

　教育心理学は，純粋な学問的立場からの研究が多い。最近は学習面での学力低下やいじめ，不登校などのように，学校現場で早急に解決しなければならない問題が山積している。学校心理学は，このような問題をかかえた子どもたちに対して，従来の指導体制では十分に機能しない取り組みに新しい視点を与えるものである。学校心理学は，図1-3に示したように，以下の3段階の援助サービスから構成される。

(1)　一次的援助サービス

　　　すべての子どもがもつ発達上または教育上の課題に対する援助である。たとえば，入学時の適応のように多くの子どもが出会う課題への予防的援助，学習スキルや対人関係スキルのような発達促進的な援助である。ここでは，学級担任や教科担当の教師がその中心的な役割を担う。

(2) 二次的援助サービス

　　登校をしぶる子どもや学習意欲が低下しはじめた子ども，社会性の発達や進路決定に問題をかかえた子どもなど，教育指導上に配慮を必要とする子どもへの援助である。ここでも教師のかかわりは大きいが，スクールカウンセラーや心の教室相談員，学校心理士（学会連合資格）などの専門家が教師を援助する。

(3) 三次的援助サービス

　　不登校や発達障害，非行や重大な援助サービスを必要とする特定の子どもへの援助である。スクールカウンセラーや心の教室相談員，学校心理士などの専門家は教師や保護者と一緒に学校内の保健室や相談室あるいは家庭の場で援助するためのプログラムを立案・実行する。しかし，それらの場で治療的カウンセリング（または心理療法）を行うには限界があるため，学外の施設（教育センター，教育支援室，医療機関など）との連携を考える。

　学校心理学は，時代のニーズから誕生した分野であるが，教育心理学だけでなく，発達心理学や臨床心理学などの隣接諸科学や，特別支援教育の方法などを取り入れながら，「学校」をキーワードとする新しい学問体系へと発展することが期待されている。

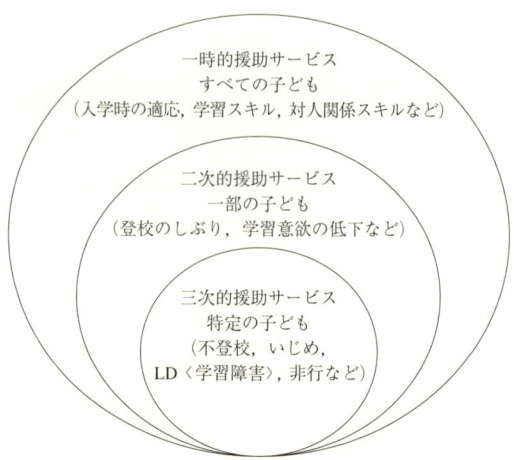

図1-3　3段階の援助サービス，その対策，および問題例（石隈利紀による）

4節　教育心理学の領域

先に，日本教育心理学会の専門領域として9部門を紹介したが，教育心理学はもともと大きく4つの主要な分野から構成されていた。発達の領域，学習と学習指導の領域，人格と適応の領域，教育測定と教育評価の領域がそれである。

1　発達の理論と発達段階の心理

発達は，受胎の瞬間から死にいたるまでの心身の構造や機能の連続的変化の過程であるが，教育心理学では乳幼児期から青年期までのさまざまな特徴をあつかうのが一般的である。遺伝と環境に関する理論を理解し，発達段階のどの時期で子どもたちに何をどのように教えるべきかを考えるとき，現在までに研究されてきた内外の成果を学ぶことは意義がある。

たとえば，フロイトの幼児性欲とエディプス・コンプレックスの概念，エリクソンの心理－社会的段階説，ピアジェの発生的認識論，ゲゼルの成熟優位説，ヴィゴツキーの最近接領域の理論，ボウルビィの愛着研究など，発達研究の基本理論は数多い。また認知，思考，言語，自我，対人関係，社会性，遊び，性などにかかわる諸研究も，児童生徒を理解するうえで欠かせないものである。

2　学習と学習指導の心理

教育心理学であつかう学習には，教科の学習だけでなく日常生活習慣の獲得，対人的な態度の習得など，経験を通して生じる幅広い比較的永続的な行動の変容が含まれる。たとえば，学習理論には，パヴロフの古典的条件づけ，ワトソンの行動主義理論，ソーンダイクの試行錯誤説，ハルの新行動主義理論，スキナーのオペラント条件づけなどの連合理論と，ケーラーの洞察説，トールマンのサイン・ゲシュタルト説，バンデューラの観察学習説などの認知理論がある。さらに，記憶の過程，学習の転移，学習曲線，学習効率などの研究は学習を支える重要な内容である。また，ヘルバルトやデューイの教授法，ブルーナーの発見学習，スキナーのプログラム学習の原理などは，動機づけの要因とともに学習指導法に大きな影響を与えている。

3 人格と適応の心理

　教育心理学における人格の理論は，人の個性を量的，質的に捉えようとするはたらきである。クレッチマーやユングに代表される類型論は性格の典型的な分類に貢献し，オルポートやキャッテル，アイゼンクなどの特性論は性格を細かな特性で描くことに努めた。

　適応の問題は，適応行動がうまくいかず心身に好ましくない状態を招く不適応行動を正しく理解し，そこからいかに脱出し環境に適応するかを問うている現実的な領域である。まず欲求と欲求不満のメカニズムを知ることである。欲求不満や葛藤を体験すると，人は心身が緊張し不安定な心理となる。とくに児童生徒にあっては，家庭や学校に関係した出来事によってさまざまな問題を起こしやすい。学校現場で頻繁に見られるいじめや不登校の実態は，反社会的・非社会的な行動の代表であろう。体罰や校内暴力，家庭内暴力といった事件にとどまらず，最近では深刻な非行や犯罪にまでおよぶ事例が多い。

4 教育測定と評価の心理

　教育は，子どもたちがもっているさまざまな可能性を伸ばすために，教師が働きかける援助活動である。教育測定・評価という仕事は，期待される教育目標を児童生徒がいかに達成したかを知る方法である。

　ソーンダイクが貢献した教育測定運動は，多くの標準テストやスケールを世に登場させた。教育測定は学力や技能などを客観的，数量的に捉えることをめざしてきたが，教育評価は教育を受ける個人全体を問題にする。

　パーソナリティの評価については，導入される検査自体の信頼性や妥当性，診断する側の専門性や倫理観などが問われる。知能の評価についても，ビネーやウェクスラーによる知能検査の開発，ターマンによる知能指数（IQ）の概念化などは，今や学校社会のなかに浸透しているといってよいだろう。学力の評価について，クロンバックが主張した適性処遇交互作用の考え方は，それまでの教授法を見直すことにつながり，教育効果をさらに高めることができる。

　教育測定や教育評価の問題は，教育心理学のなかでも重要な領域である。教育する側は，つねに教育を受ける子どもたちを全人的な立場から捉えることを忘れてはならない。

2章 発達の理論

1節　発達の基礎概念

1　発達の定義

　発達とは，人の誕生（あるいは受精）から死に至るまでの生涯過程における個人内の変化のことをさす。従来，発達は「大きくなる」，「うまくなる」，「難しいものができるようになる」など，よりすぐれた方向に向かうものをさすという価値志向があった。そのような発達観では，発達は乳幼児期から青年期の間の上昇的・進歩的な変化に限定されていた。しかし，近年の高齢社会の到来にともなって，1980年代頃より，高齢期の下降的な変化も含めて発達と考えるようになった。このような考え方を「生涯発達」という。

　発達と類似した概念に成長がある。成長は身体的，生理的変化を中心とした量的増大のことをさす。しかし，近年の発達の考え方では，量的変化だけではなく，質的変化も考慮に入れ，また，量的な増加だけでなく，減衰も扱うというように，発達は成長より包括的な概念となっている。

2　発達の原理

　a　発達の順序性　発達は一定の順序によって起きる。たとえば，人が歩けるようになるには，図2-1のように，乳児は寝ている状態から，まず，首が安定し，お座り，はいはい，つかまり立ち，立つ，歩くという順序で可能になる。この順序は，個人によって逆になったり，飛び越したりすることはない。もしも，順序に乱れがある場合には，発達に異常が疑われる場合もある。

　b　発達の方向性　発達には一定の方向がある。身体発達は，「頭部から尾部へ」という方向性と「中心部から周辺部へ」という方向性のあることが知られている。たとえば，前述の歩行の発達でも，首の安定から，お座りなど腰部に発達が移り，その後，立てるようになるという頭部から尾部，脚部への発達

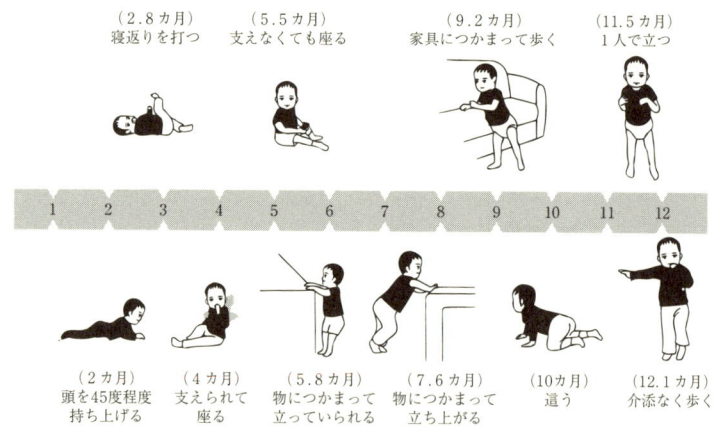

図2-1 歩行の発達過程（ゲリングとジンバルドによる）

の方向性を見ることができる。また，腕や足のおおまかな運動ができるようになってから，手足の末端での微妙な運動調整ができるようになるのが，中心部から周辺部へという方向性である。

c　発達の連続性　発達的変化は休止や飛躍がなく，連続して起きる。たとえば，青年期に顕在化する性的成熟も，青年期に急に出現するわけではなく，それ以前の段階から徐々に準備が進められている。

d　発達の異速性　発達は連続的に起きる現象であるが，ある時期には急激な変化が起き，別の時期には変化が緩慢になるなど，その速度は一定ではない。たとえば，スキャモンは図2-2のように，20歳のときの発達を100として，各年齢における身体各部の発達の割合を発達曲線で示している。神経型は脳や神経細胞などの発達を示し，人生の初期に大きく発達する。一方，一般型は筋肉や骨格の

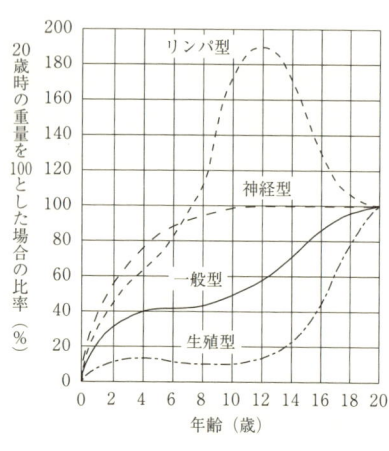

図2-2　スキャモンの発達曲線

発達を示し，人生の初期と思春期に急激に発達する。生殖型は卵巣や睾丸の発達で，思春期まではほとんど顕在化せず，思春期に急激に発達する。リンパ型は，胸腺やリンパ腺の発達で，思春期前に200％近くまで発達するが，その後，100％まで戻る。

　e　発達の臨界期　発達には特定の時期にだけ有効で，その時期を逃すと発達が困難になる時期がある。このような時期のことを臨界期という。動物行動学者のローレンツは，鳥類のひなが孵化後一定の期間に最初に出会った動くものの後を追うようになる現象を観察し，インプリンティング（刷り込み）とよんだ。この現象は一定の期間を過ぎると起こらなくなる。人間の発達にも，言語の発達などでこのような臨界期があることが認められているが，他の動物に比べると臨界期は緩やかである。

　f　発達の個人差　発達の速さや発達の様態には，個人差のあることが広く認められている。発達は年齢にそって進むと考えがちで，とくに乳幼児では一定の年齢における標準的発達が示されることも多い。しかし，一定の順序に従ってバランスの取れた発達を示している場合には，標準的発達からのずれは個人差の範囲とみてよい。

2節　発達に影響を及ぼす要因

1　成熟優位説（遺伝的要因）

　成熟とは，遺伝的に決定される部分の多い，主に神経生理学的成長過程をいう。発達に遺伝的要因が関与していることは広く知られている。

　発達において，成熟の要因を重視したのがゲゼルである。ゲゼルは，一卵性双生児の兄弟に階段のぼりの訓練を実施した。一方のTは，生後46週から52週までの6週間にわたって階段のぼりの訓練を実施した。この時点で訓練を受けていないもう一方のCは，訓練を受けたTより階段のぼりに2倍近くの時間がかかった。しかしCは52週から2週間の訓練で，Tとほとんど変わらない速さで階段を昇れるようになった。ゲゼルは，この結果から，学習を成立させるためには個体の側の準備状態（レディネス）が整う必要があると考えた。そして，ゲゼルはレディネスの形成要因として成熟を重視した。

2 学習優位説（環境的要因）

学習とは，経験による比較的永続的な行動の変容と定義される。発達において，遺伝的な要因より生後の経験による学習の影響を重視したのが，行動主義心理学のワトソンである。ワトソンは，発達は習慣の形成，すなわち刺激（環境）と反応の連合であると考えた。「私に子どもたちと彼らを育てる環境を与えよ。そうすれば，彼らをあなたの望みどおりに育ててみせる。医者，芸術家，泥棒でさえも」という有名なワトソンのことばに，彼の考え方が表れている。

発達における環境要因の重要性を示しているのが，野生児の研究である。インドで発見された推定1歳半のアマラと推定8歳のカマラの場合，シング牧師夫妻に養育されたが，アマラは発見の1年後に死亡し，17歳ごろまで生きたカマラも2足歩行さえ困難で，人間社会への適応性を発揮できなかった。このような例は，発達における環境の要因の重要性を示している。

3 輻輳説

シュテルンは，発達的変化は遺伝的要因と環境的要因の加算的影響を受けるという輻輳説を提唱した。すべての特性は遺伝的要因と環境的要因の加算的な働きによるもので，両者の相対的な強さは特性によって異なると考えた。

4 相互作用説

現在では，発達的変化は遺伝的要因と環境的要因との相互作用によるという考え方が主流である。相互作用というのは，遺伝的要因に基づく変化が起きると学習が変化し，また，環境的要因によって成熟にも影響を及ぼすという効果である。

ジェンセンは，人間の資質が発現するためには環境の影

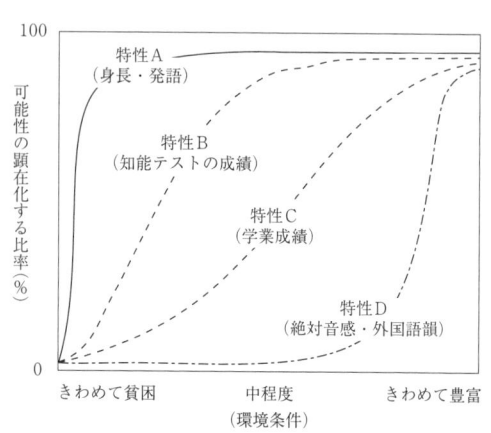

図2-3　環境閾値説（ジェンセンによる）

響が必要であるが，どの程度環境の影響を受けるかは，特性によって異なるとする環境閾値説(いきち)を提唱した。図2-3に示すように，身長や顔つきなどは，環境があまり整っていなくても遺伝的素質が発現される。しかし，絶対音感や外国語韻などは環境がかなり整わないと遺伝的な素質が発現されない。このように，各特性の発現には遺伝的要因と環境的要因の両方が必要であり，どちらか一方が優位に働くわけではない。

また，後述するように，ピアジェやヴィゴツキーは，独自の立場から遺伝的要因と環境的要因のダイナミックなかかわりを想定している。

5　生涯発達に影響する要因

このように，発達には遺伝的要因が強く関与する成熟と，環境的要因によって影響を受ける学習という二つの側面のあることが古くから認識されていた。1980年代に生涯発達という考え方を示したバルテスらは，生涯発達を規定する要因として，①年齢・成熟的要因，②世代・文化的要因，③個人的要因の3要因を考え，それぞれの要因の比重が年齢段階によって変化する様子を図2-4のように概念化した。

乳幼児期には内的な成熟の要因，すなわち年齢的な要因が大きく影響する。個人差があっても，歩行，ことばの獲得など，その年齢段階の多くの子どもが経験する発達的変化がある。しかし，年齢が進むにつれ，年齢・成熟の要因の影響力は小さくなり，時代・文化による影響が力をもちはじめる。たとえば，ことばを話せるようになるのは，個人差はあるが時代・文化に関わらず，だいたい1歳前後である。しかし，文字が読めるようになる時期は，時代や文化などにより影響を受ける。文字のない文化では一生，文字を読めないが，文字が重要な役割を果たす文化では早くか

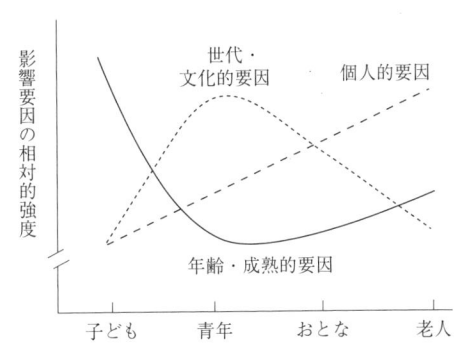

図2-4　環境に影響を及ぼす要因の変化
（バルテスらによる）

ら文字を読めるようになる。このような時代・文化の要因は，青年期においてもっとも強力になる。携帯電話の普及は，青年期の友人関係などに強い影響を与えるであろう。

さらに，年齢を重ねるにつれ，影響力を増すのが個人的要因である。これは，個人の交友関係や結婚，離婚，転職など生活史上の出来事の経験などによる影響である。

3節　発達段階

発達は連続的な変化ではあるが，その変化にもいくつかの節目があり，いくつかのまとまりとして捉えることができる。ある視点に基づいて，発達の過程をいくつかの段階に分けてとらえたものを発達段階という。発達段階は，基準となる視点によって何種類かの区分が考えられる。代表的な発達段階を表2-1に整理した。ここでは一般的に，発達心理学の視点から，総合的な観点に基づく発達段階を用いている。

発達段階の考え方では，各段階は他の段階と質的に区別でき，不可逆的であるという特徴がある。発達段階の区分の時期に個人差はあるが，すべての文化で同様の発達段階を経験することが前提になっている。

4節　発達の諸理論

1　ピアジェの発生的認識論

ピアジェは，人間の発達を環境への適応過程であるとしている。発達を段階的に捉え，主に認識・思考の発達を考察の対象とした。

ピアジェは，「シェマ」の変化という観点から発達をとらえた。シェマとは，個体がもっている一般的な認知の枠組み，あるいは行動図式で，シェマをとおして個体は環境と相互作用する。子どもは誕生直後から，自分のもっている数少ないシェマを環境に適用している。現在もっているシェマを環境に適用することを同化とよぶ。そして，環境にうまく適応できれば，そのシェマを繰り返し用いる。しかし，そのシェマではうまく適応できない状態，すなわちバラン

表2-1 発達段階

年齢	発達心理学	ピアジェ	フロイト	エリクソン	コールバーグ
受精 出生	胎生期(受精〜出生)	―	―	―	―
出生〜1	乳児期(〜1歳半)	感覚運動期	口唇期	基本的信頼 対 不信	前道徳期
2 3	幼児期(〜就学)	前操作期	肛門期	自立性 対 恥・疑惑	罰と服従 (段階1)
4 5 6			男根期	積極性 対 罪悪感	道具主義的・ 相対主義(段階2)
7 8 9 10 11 12	児童期 (〜小学校修了)	具体的 操作期	潜伏期	勤勉性 対 劣等感	対人的同調 (段階3)
13 14 15 16 17 18 19 20	青年期	形式的 操作期	性器期	同一性 対 　　同一性拡散	法と秩序 (段階4)
21 22 ↓ 30 ↓ 40 ↓ 50 ↓ 60 ↓	成人期			親密性 対 孤独 生殖性 対 停滞	社会的契約 (段階5) 倫理的原理 (段階6)
70 ↓	老齢期			自己統一 対 絶望	

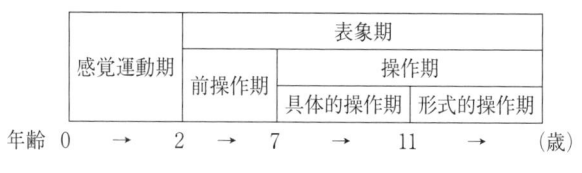

図2-5　ピアジェの発達段階

スが崩れた場合に，子どもはそのシェマを修正し，より適応可能なシェマに変化させ，環境との適応を図る。シェマを修正して環境に適用することを調節とよび，同化と調節とのバランスを図るプロセスを均衡化とよぶ。

ピアジェは，図2-5のような発達段階でシェマの発達を考えている。生後2歳前後よりも以前は，外界との相互作用は感覚と運動によって直接行われるので，感覚運動期とよばれる。2歳前後になると，心的表象を用いて外界に適応するようになるので，これ以後は表象期とよばれる。表象期は，概念の操作が可能になる操作期と，それ以前の前操作期に区分され，操作期はさらに具体的概念のみ操作が可能な具体的操作期と，抽象的概念の操作も可能になる形式的操作期に区分される。各段階は独自の構造をもっており，先行する段階で獲得した能力や機能は，後続の段階で要素として統合される。また，各段階の出現する時期は，素質と環境との相互作用によって異なるが，段階の出現する順序は不変である。

2　ヴィゴツキーの歴史的文化的発達理論

ヴィゴツキーは，人間の発達における社会や歴史的要因の重要性を強調した。ヴィゴツキーの研究は1920～30年代に行われたものであるが，1980年代以降，その理論は再評価されている。

ヴィゴツキーは，高次精神機能（論理的思考，有意味記憶，注意，意識など）は，文化の体現者であるおとなとの社会的相互交渉をとおして発達していくと考えた。ヴィゴツキーによると，高次精神機能は発達の過程で2つの水準として現れる。はじめは社会的水準で，人との間で精神間カテゴリーとして現れ，次は心理的水準で，精神内カテゴリーとして現れる。たとえば，言語獲得の場合，周囲のおとなとの間で獲得した言語は，最初は主に他者とのコミュニケー

ションの道具として機能（外言）する。しかし，子どもは次第に思考の道具として言語（内言）を使用するようになる。

　また，ヴィゴツキーは環境の要因を重視し，環境は単に個体が相互作用する対象ではなく行動の一部だと考え，発達の最近接領域という概念を提唱した。彼は子どもの知的発達には，2つの水準があると仮定している。ひとつは現在の発達水準とよばれるもので，子どもが課題を自分の力で解決できる水準である。もうひとつは，他者から適切な助言などの援助を得ることで解決できる水準である。この水準を発達の最近接領域とよぶ。たとえば，伝統的な知能検査で精神年齢が5歳と測定された場合でも，他からの助言があれば8歳までの問題が解ける子どもと，他からの助言が与えられても6歳までの問題しか解けない子どもでは，その子どもの知的発達は異なると考えられる。

　発達の最近接領域は，レディネスの考え方に転換をもたらした。先に説明したゲゼルはレディネスにおける成熟の要因を重視し，学習が成立するためには個体の成熟を待つ必要があると考えた。これに対し，ヴィゴツキーの発達の最近接領域では，レディネスは個体の成熟だけで決定されるのではなく，周囲のおとなからの働きかけという環境的要因が重要な役割を果たしている。すなわち，成熟を待つ姿勢ではなく，周囲のおとなの適切な働きかけによってレディネスを促す立場である。この2つの考え方は教育観にも影響する。成熟優位の立場では，子どもの成熟を待ち，成熟に合わせて教育を行うという教育観になり，発達の最近接領域の立場では，教育によって子どものレディネスを促進するという教育観につながる。

3　フロイトの心理性的発達理論

　精神分析学の創始者であるフロイトは，性的エネルギーであるリビドーを行動の原動力ととらえ，リビドーの発達により個人の発達を理論づけた。個人は出生時にすでにリビドーをもっており，それが生物学的な順序性に基づいて，特定の時期に特定の身体部位と結びついて発現する。

　リビドーの発達段階は，表2-1に示したとおりである。生後1年あまりの時期は，授乳などにかかわる口唇にリビドーが集中し，トイレットトレーニングとともにリビドーは肛門に移動する。男根期は男子は母親に性的関心をもち，

それが父親への敵意と恐れを生むというエディプス・コンプレックスを経験する。潜伏期を経て，思春期以降に成人の性愛である性器期にいたる。リビドーは，周囲の環境によって，固着や退行が生じることも示している。

フロイトの理論は，発達における乳幼児期の重要性を示し，後の発達研究に重要な示唆を残した。しかし一方で，フロイトの示した概念は実証不能で，独断的であるという批判もある。

表2-2　エリクソンの心理的社会的危機

	危機	時期	内容
1	基本的信頼 対 不信	0〜2歳	授乳を通しての母子交渉により，世の中や人間に対する基本的な信頼感を得るか，または，不信感かという危機。
2	自律性 対 恥・疑惑	2〜4歳	トイレットトレーニングなどから，自分の身体をコントロールできるという感覚を獲得できるか，または，失敗して恥や自己への疑惑をもつか。
3	積極性 対 罪悪感	4〜6歳	新しく獲得した能力を積極的に試し，自発性を伸ばすか，または，制止されて叱られ罪悪感をもつか。
4	勤勉性 対 劣等感	6〜12歳	勉学などの課題に勤勉に努力し，今までできなかったことができるようになるという成果を挙げるか，または自分の努力の結果を他人と比較することによって劣等感をもつか。
5	自我同一性の獲得 対 自我同一性の拡散	12〜20歳	今までの自分を振り返り，今までの自分は本当の自分だったのかと疑問をもち，さまざまな自分を試した結果，これこそ本当の自分であるという実感をもてるか，または，自分がわからなくなる。
6	親密性 対 孤独	20〜30歳	いったん獲得した自我同一性を柔軟に修正しながら周囲との親密な関係を築くことができるか，または，自分の自我同一性にあまりにも固執して，周囲との親密な関係を築けなくなり孤独に陥るか。
7	生殖性 対 停滞	35〜65歳	次世代を育てることにより，自ら獲得した精神的な資産（文化・伝統など）を伝えていくことができるか，または，次世代への伝達を拒否して停滞してしまうか。
8	自己統一 対 絶望	65歳〜	自分の人生を振り返り，よいことも悪いこともすべて統合して受け入れられるか，または，深い絶望に襲われるか。

4 エリクソンの心理社会的発達

フロイトの弟子であったエリクソンは，フロイトの理論をもとに，発達における社会文化的要因を加えた理論を展開した。フロイトは生理的側面を重視し，理論の中心に性をすえたが，エリクソンは個人の成熟に基づく欲求や能力を周囲の社会からの期待や制約との間で調整し，バランスをとることによる発達を考えた。その際に，自己の欲求と周囲の期待や制約との間の葛藤から，表2-2のような8つの心理社会的危機を経験するとした。このような危機を解決することで，パーソナリティが形成されるのである。

フロイトは発達における乳幼児期の経験を重視したが，エリクソンはパーソナリティが再統合される青年期を発達における重要な時期と考えている。

表2-3 コールバーグの道徳性の発達

水準	段階	特徴
前習慣的水準	段階1 罰と服従への志向	苦痛と罰を避けるため，おとなの力に譲歩し，規則に従う。自己中心的視点
	段階2 道具主義的相対主義志向	自分の要求・利益にかなうため規則に従うが，他者も同様の要求をもつことを認め，誰かの直接の利益になるときだけ規則に従う。具体的・個人主義的視点
慣習的水準	段階3 対人的同調，「よい子」志向	他者を喜ばせ，他者を助けるために「よく」振る舞い，それによって承認を得る。他人との関係における個人の視点
	段階4 「法と秩序」志向	権利を尊重し，社会的秩序を維持することによって，自己の義務を果たす。ある行為を誰もが行ったときの体制の崩壊を避けるため規則に従う。社会的視点と対人間の協定や動機を区別
習慣以後の原則的水準	段階5 社会契約的法律志向	他者の権利について考え，全体の幸福とすべての人の権利を守るために法律を作成し，それに従うという社会的契約によって法律への義務感がある。社会に優先する視点
	段階6 普遍的な倫理原理志向	実際の法や社会の規則を考えるだけではなく，自らが選択した倫理原則と人間の尊厳性への尊重を考える。道徳的立場に立つ視点

5 コールバーグの道徳性の発達

コールバーグは，道徳的ジレンマを含んだ物語を聞かせ，その物語に対する道徳的判断の仕方によって，道徳性の発達を3水準の6段階に分けた。コールバーグは，道徳的判断の内容だけではなく，その判断に至る理由を重視した。たとえば，重病の妻のために必要な薬を買うお金が足りない夫が，その薬を盗んでもよいかどうかという物語に対する判断を求めた。その際，盗んでもよいと思うか，盗むべきでないと思うかという回答だけではなく，なぜそう思うのかという点から，表2-3のような6段階を設定したのである。

5節 発達研究の方法

1 発達の研究法

発達の研究には，他の心理学の分野と同様，観察法，調査法，実験法，事例研究法などがある。

a 観察法 自然な状況で直接観察した行動や特徴を記録，分析する方法である。たとえば，教師による児童生徒の生活記録などはこの例といえる。手軽にできる方法であるが，その一方，観察者の主観が入りやすく，結果を数量化しにくいという短所がある。

b 実験法 ある仮説を検証するための研究目的にあわせて，人為的に条件を設定し，それが特定の行動に与える効果を観察する方法である。実験的方法は，因果関係を知るためにはすぐれた研究法である。しかし，非常に限定された状況を作るため，実験室で得られた結果が日常場面でも適用できるかという生態学的妥当性が低くなる可能性もある。

c 調査法 観察や実験ではとらえにくい対象者の興味，態度，意見などを質問紙や面接によって調べる方法である。質問紙法は実施が簡単であるが，質問項目の設定や結果のまとめ方を十分に吟味する必要がある。一方的な回答を暗示したり，社会的，道徳的に問題になる質問は避けなければならない。しかし，やり方を工夫すると調査法でも因果関係を検討することができる。

d 検査法 知能，学力，技能，性格，適性などの特性について標準化された検査を行い，その結果を一定の尺度によって数量的に表現しようとする方法

である。客観的な測定に向いている。

e　事例研究法　ある個人または少数の事例について、胎生期から現在にいたるまでの成育歴や環境状況を詳しく調査・研究する。それによって問題の所在、原因などを解明し、さらに一般的な法則・理論を発見しようとする方法である。事例研究は、ひとつあるいは少数の事例を対象とするために、その知見を一般化するには慎重でなければならない。

2　発達的変化をとらえるデータの収集

発達的変化を検討するデータの収集法として、横断的研究法、縦断的研究法、コホート分析という方法がある（図2-6）。

a　横断的研究法　横断的研究法は、同一時点でさまざまな年齢群に対して、同一の観察、実験、調査を行い、発達過程を分析する方法である。一度に大量のデータを収集することができ、異なる年齢群を比較することで発達の傾向を示すことができる。しかし、この方法で得られた発達的変化は加齢による変化だけでなく、時代的背景の影響も受けており、両者を区別できないという問題点もある。

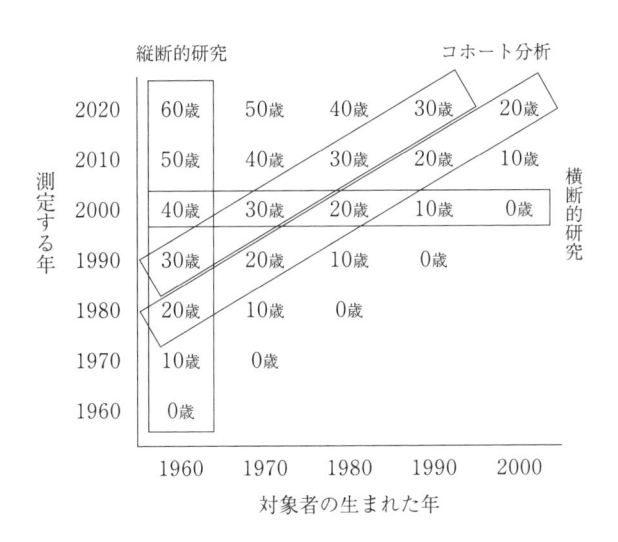

図2-6　発達心理学のデータ収集法

b 縦断的研究法 同一の個人を何年も追跡して繰り返し,観察,調査,実験して発達的経過を分析する方法である。ターマンによる天才児についての35年間にわたる研究は有名である。この方法は,加齢による変化が明確になるが,研究の結果が出るまで相当の年数を要すること,同一の個人・世代だけを研究していると,時代的影響をとらえることができないという問題もある。

c コホート分析 横断的方法と縦断的方法を組み合わせ,系統的に比較する方法である。コホートとは,同じ時期に出生した人や入学した人など,同じ時期に生活史上の重要な事象を経験した個人の集合をさす。コホート分析とは,世代が異なる複数のコホートを追跡し,コホート内やコホート間で比較する方法である。すなわち,複数の縦断的研究を行うことで,横断的研究法と縦断的研究法の短所を克服するものである。

3章　乳幼児期の発達

1節　身体・運動機能の発達

1　誕生

　日本で1年間に生まれる子どもの数は，およそ106万人（2005年現在）である。1973年には209万人の子どもが生まれたが，それ以降減少を続け，30年間で約半分に減った。少子化である。きょうだいの人数も少なくなった。いつの世も親は子どもを大切にするが，少子化の今日，親の思いは少ない子どもに集中する。1人か2人のわが子に全力で最良の環境を与え，親の望むように育てようとする志向がある。わが子の通う学校や教師への要求，期待にもそれが表れている。この状況を踏まえて，現代の子ども，特に乳幼児期の発達を，その環境を含めて理解していこう。

2　身体の成長

　新生児の身長と体重の平均は，およそ50cm，3,000gである。ひとつの受精卵が38週間の胎児期に，遺伝的に組み込まれたプログラムの発現により，母体内で守られながら栄養を受け，りっぱな身体に形づくられるのである。

　もちろん，生まれる以前の胎児の発達にも環境要因が働いている。たとえば，妊娠中に喫煙する母親，あるいは喫煙する父親（同居者）の喫煙本数が多くなると，出生時の子どもの身長と体重が減少する傾向が見られる（厚生労働省：平成12年調査）。男児を例にとれば，母親も父親（同居者）も喫煙しない場合，出生時の平均は体重3.11kg，身長49.3cmであるが，父親（同居者）が1日に21本以上吸う場合は体重3.03kg，身長48.9cm，母親が1日に11本以上吸う場合は体重2.97kg，身長48.4cmであった。女児も同様の傾向があり，喫煙が胎児の成長に影響を及ぼすことがわかる。このほかにも，胎児の発達に影響する環境リスクとしては，妊娠中の母親の飲酒，風疹などの感染，催奇性のある薬や化学

物質の摂取，放射線被爆などが知られている。

それでは，身長や体重は生まれてからどのように変化していくのだろうか。図3-1は乳幼児の身長および体重の変化を示したものである。身体は生後数ヶ月の間に急激に増加（第一成長期）し，

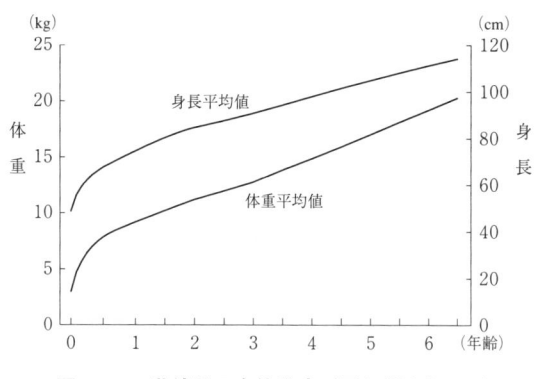

図3-1　乳幼児の身体発達（厚生労働省2001）

12ヶ月後で身長は約1.5倍，体重は約3倍に達する。その後はなだらかな増加を続け，思春期の第二成長期にいたる。

3　反射行動から意図的行動へ

新生児は1日のかなりの時間を眠っている。泣いて目を覚まし，養育者にオムツ換えや哺乳をしてもらい機嫌よくなるが，しばらくするとまた眠る。首もすわらずぐらぐらし，手足も細く弱々しい。あまり活動的，知的には見えない。

新生児期に特徴的な行動が，原始反射である。これは特定の刺激を受けると決まった行動が起きる現象である。たとえば，新生児の口に触れると，リズミカルに吸いつく吸綴反射がある。これは，乳を吸うことに役立つ。また，手のひらに触れると強く握り締める把握反射がある。この反射は，サルでは親にしがみつくときに機能しているが，人間ではその必要がほとんどない。原始反射には，このほかにモロー反射，口唇探索反射，歩行反射などがある。これらは，学習によるものではなく生得的に備わったものである。

原始反射は，生後2，3ヶ月のうちに消失し，身体・神経系の発達とともに意図的運動に置き換わる。把握反射を例にすると，手に触れるものを反射的に握っていた乳児が，反射が消失すると，自分で手をコントロールし始める。腕を動かすことが上手になると，手をぱあっと開くようになる。半年もすると手全体で物をつかむようになり，1年ほどで指で物をつまめるようになる。この時期を過ぎても原始反射が消失しないときは，発達が順調でないことも懸念される。

4 運動能力の発達

　乳児期の運動機能の発達については個人差が大きい。図3-2は，首のすわりから一人歩きまでの6つの運動について，何ヶ月で何割の子どもができるのかを示している（厚生労働省：2001年調査）。これによると，「首のすわり」は3ヶ月で約半数，4ヶ月で9割が達成している。「一人歩き」は10ヶ月で1割の子どもが達成し，12ヶ月でも5割である。9割の子どもが「歩く」ようになるのは14ヶ月過ぎである。

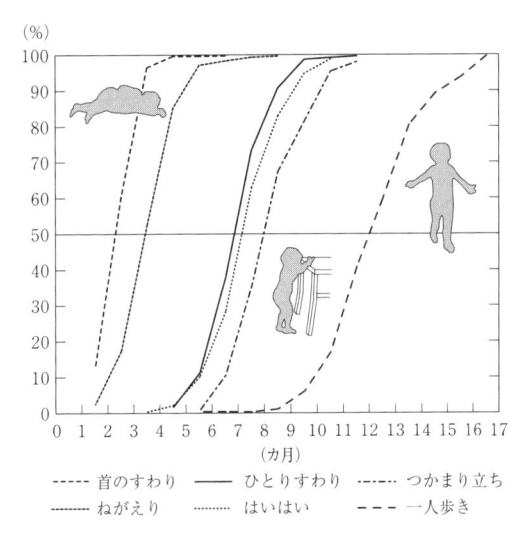

図3-2　乳幼児の運動機能通過率（厚生労働省2001）

　学童期の運動能力については，低下の傾向が指摘されている。文部科学省の「体力・運動能力調査報告書」に示された1985年と2005年のデータを比較してみよう。10歳男子のソフトボール投げの成績は，1985年の平均が29.9mであったが，2005年は25.5mに低下している。12歳男子の持久走は，平均386.4秒であったのが，423.3秒と遅くなっている。女子も同様の傾向で，ほとんどの測定区分で運動能力に低下がみられる。

　これらの背景には，子どもの身体運動経験の変化が想定される。生活環境や遊び道具が変化し，幼児期からの外遊びの減少，室内遊びの増加などがその一因と考えられている。運動能力が低下した実例として，小学校の運動会でピラミッドなどの組体操の実施が難しくなったとの報道もある。また，あまり運動しない子どもが増加したことに加え，運動能力の高い子どもも存在し，運動能力が両極化している点も指摘されている。幼児教育として，熱心にスポーツに取り組ませる親がいる。学校には優れた運動能力をもつ子どもと苦手な子どももいる。体力差のある児童生徒に対しては，指導にも工夫が求められる。

2節　認知機能の発達

1　みる・きく

　新生児は，身体運動の面では未熟である。首がすわるまでに3ヶ月，歩行が可能になるまでに約1年かかる。ところが，神経系や知覚能力は，生まれてくるまでにかなり成熟し，外界からの情報を取り入れる準備が整っていることが明らかになっている。

　新生児には，ものを見る力が備わっているが，焦点を調節したり，眼でものを追う力，細部をはっきり見る力は成人に比べて不十分である。しかし，目の前で授乳している母親の顔の辺りは焦点が合いやすく，その顔を見るのに好都合なしくみになっているという。舌出し模倣の実験では，新生児の前でおとなが舌を出し入れすると，子どもが同様に舌を出すことが観察されている。模倣ができるということは，新生児にはおとなの顔の動きが見え，自分の顔の動きと何らかの仕方で対応づけができるということである。視覚を調べる実験では，新生児は適度に複雑な図形を好む（図3-3）。また，自分に向かって飛んでくるように見えるボールの映像を提示されると，顔をそむけて回避しようすることから，「近づいてくる」という判断も可能であることが示唆される。

　音声を聞く力は，かなりすぐれた形で備わっている。これは，胎児期から聴力が備わっていることと関係するのかもしれない。一例を挙げると，新生児に母体内で録音した音（体内音）を聞かせると，

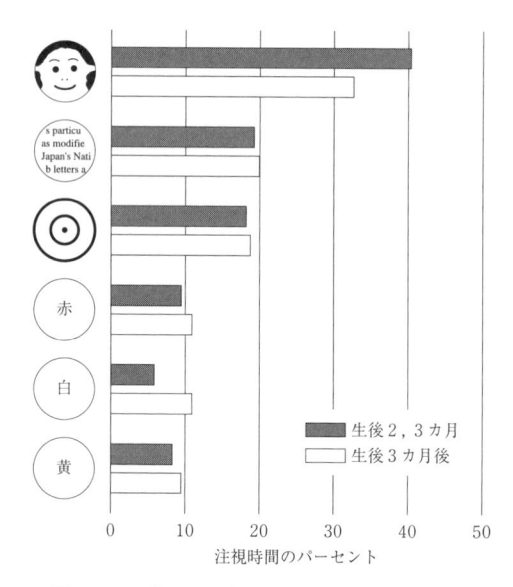

図3-3　乳児の注視反応（ファンツによる）

8割程度の確率でむずかり泣きが収まる。このことは，新生児には胎児期に聞いていた音の記憶があることを示唆している。

これらのことから，新生児が視覚・聴覚などの感覚器官をとおして，外界からの情報を取り入れる能力をもっていることがわかる。さらに，新生児を対象にした研究から，彼らは好奇心に満ち新奇刺激を好み，さかんに外界を探索している行動が明らかにされている。

2　ことば

言語発達については，新生児はいかなる言語の音韻でも弁別する能力をもつが，母語を聞く環境にすごすことにより，12ヶ月児で母語の音韻弁別が完成する（図3-4）。これにより効率的に言語音を認知できると考えられるが，同時に，母語で使用しない音韻の弁別力は低下する。音声知覚の敏感期は幼児期に継続し，何らかの理由で，異なる言語圏に移動した場合は，環境に適応し母語として習得する可能性がある。

発声については，泣き声から泣き声以外の発声が分化し，4ヶ月ごろから喃語が現れる。1歳過ぎには，意味あるものを指し示して発話する初語がみられる。3歳ごろには基本的な統語規則や語彙が獲得され，家族や他者とさかんにコミュニケーションができるようになる。

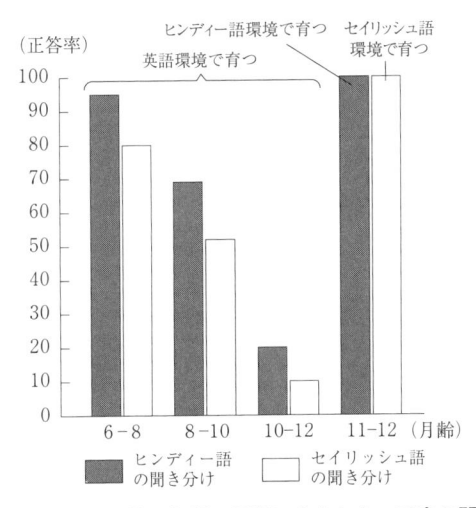

図3-4　生後1年間の母語に含まれない子音の聞き分け力の低下（エイマスによる）

（注）人はすべての言語韻を識別する能力をもって生まれるが，そのうち母語に含まれない音韻の識別力は6ヶ月ごろから低下する。図は，ヒンディー語（インドの言語）とセイリッシュ語（北アメリア先住民の言語）に特徴的な子音について聞き分けを調査したものである。英語環境で育った乳児では，生後1年間に，聞き分けた割合は低下している。もちろんヒンディーやセイリッシュ環境で育った乳児ではそれぞれの言語音を聞き分ける能力を維持している。

3 知的能力の発達

a ピアジェの認知発達段階　ピアジェは，発生的認識論を唱えた。人は，主体として環境と相互作用する存在であること，認識はその活動をとおして成立すること，そして，認識の枠組み「シェマ」は「同化」「調節」「均衡化」により，変化していくものであることを見出した。ピアジェによれば，認知発達には，感覚運動期・前操作期・具体的操作期・形式的操作期の段階（図3-5）があるという。

　4・5歳児は，前操作期の段階にあり，言語を用いて他者とコミュニケーションすることができる。ことばと記憶とがつながり，昨日のことや幼稚園での出来事を思考し，それを他者に伝えることを可能にする。前段階の感覚運動期では，認識が今ここに見えているものを対象とし，手で握ったり口に入れて吸って確認することに限られていたことと比べれば，質的に大きく変容しているといえる。しかし，前操作期においては，認識が自己中心的で，判断は見かけに左右されるという未熟な面がある。

　ピアジェの数の保存課題では，子どもに同じ数のおはじきを2列に並べてもらい，同数であることを確認する。その後，おとなが一方のおはじきの列を長く伸ばし，再び「どちらの列のほうが多いか，あるいは同じか」を問う。4，5歳の子どもの多くは，列を伸ばしたほうを多いと答える。数の他に，飲料（液量）や粘土（質量）についても同様の課題が考案され，前操作期の子どもは形を変えると量や数までが変化してしまったと判断することが示された。このように答える子どもでも，おおむね6歳を超えるころには，主体と環境の相互作用をとおして認識の枠組みが変容し，成人と同じように，知覚に惑わされない論理的な判断ができるようになる。

b ヴィゴツキーの発達の最近接領域　ヴィゴツキーは，発達の社会文化的側面に注目した。たとえば，ある課題を与えられたとき，学習者（子ども）が一人で達成できるレベルと，そこに接して少し難しいが他者の支援を受ければ達成できる領域とがある。ヴィゴツキーは，これを発達の最近接領域とよび，学習者の能力に応じて必要な手引きを行うことが，有効な教育的かかわりであるとした。これは，有能な他者との共同活動をとおして学習することで課題遂行力が向上することを示唆している。この考えかたは，学習支援として課題遂

感覚運動期	0歳から2歳	自己を対象（他者や物）から分離する。自分を行為者として認識し，意図的な行動をする。たとえば，おもちゃを動かすために紐を引いたり，音を立てるために「がらがら」をふったりできる。しかし，認識は，今あるもの見えるものに対し，なめたり掴んだりといった直接的な働きかけでなされる。
前操作期	2歳から7歳	言語を習得し，対象をイメージやことばで表象する。ふり遊びをしたり，ことばにより今ここにないものについて考えたり，親などに伝えることができる。しかし，思考は自己中心的で，他者の視点に立つことは困難。また，判断は見かけに左右されやすく直感的である。保存課題に失敗する。
	数の保存課題　　　　　　　　　　液量の保存課題 ○○○○○　⇒　○○○○○ ○○○○○　　　○　○　○　○　○ 　　　（置きかえる） 同じですね　　どうですか　　　　　　　（入れ替える）	
具体的操作期	7歳から11歳	物やことがらを論理的に思考できる。保存課題に可逆性（元に戻せる），同一性（何も加えていない）などの理由をあげて，正しく答える。具体物の手がかりや実際の行動をとおしてならば，組織的・論理的に考えることができる。
形式的操作期	11歳以降	抽象的命題を論理的に思考できる。1つの問題を多様な面から見ることが可能になり，実際にやってみなくとも，論理的思考をとおして検証を試みることが可能である。未来についてや，思想的な問題を扱える。

図 3-5　ピアジェの認知発達段階
※図中の年齢は平均であるから，目安とすること。

行の足場づくりを強調する立場へと続いている。

4　心の理論

「心の理論」は，人の心的な世界についての理解をさすものである。おとなは，他者の意図的な行動を説明したり予測したりするとき，相手の期待，信念，願望といった心的状態を推測し考慮する。子どもが，そのような他者の心的状態をわかり始めるのは4歳過ぎからである。

たとえば，友だちに見つからないように宝物を隠すゲームをすると，3歳児でも簡単には見つからないように宝物を隠すことができる。そこで，「友だちはどこを探すか」と質問して考えさせると，4歳を過ぎれば，友だちは宝ものの隠し場所を知らないという心的状態をつかんで「いろいろなところを探す」と正しく予測できるが，3歳児は「宝物の隠されたところを探す」と答えてしまう。3歳児はまだ友だちの心的状態を考慮できる段階にはない。4歳を過ぎて他者の心的状態がわかるようになると，対人認知能力はさらに発達していく。

3節　社会性の発達

1　愛着

幼児期は，空腹や不快感を含め，いかなる欲求もすべて養育者に頼り満たさなければならない。常時，おとなを身近につなぎとめ，養育を受けて成長するこの期間に，子どもが養育者との間に形成する情緒的つながりを愛着とよぶ。良好な愛着関係は，養育者が子どもの要求に敏感に応答し，また養育者の安定して情愛のこもった養護をとおして形成される。ボウルビィは，愛着関係ができると子どもの情緒は安定し，その後の発達の基盤になると指摘した。

a　愛着の成立過程　愛着を形成する子どもと養育者の間には，初期からさまざまなやり取り（コミュニケーション）がある。たとえば授乳時における母子間の非言語的やり取り，笑いかけたり，あやしたりなどの情緒をともなった交流，養育者からの語りかけなどである。このように，養護的なかかわりをともなったコミュニケーションが愛着形成につながる。

6ヶ月ごろから見られる人見知りは愛着が形成された証の1つである。それまでは誰にでも愛想よく笑っていた子どもが，見知らぬ人に対して泣くなどの警戒を示すようになる。これは，子どもが養育者と他者とを明確に区別する力を得たこと，見知らぬ人を恐れ避けようとする力を得たことを意味する。人見知りによる「泣き」は，愛着対象に接近することで解消され，また，養育者にとってもなつかれることが報酬となる可能性もある。1歳くらいになると，子どもが養育者の顔をうかがって，状況の安全性を確かめる行動が見られる。これは「社会的参照」とよばれる。子どものコミュニケーション欲求と，それに

かかわる相手の存在は，ことばのやりとり体験へと発展し，言語発達の基盤になっていくと考えられる。

　b　愛着の成立　愛着が成立すると，子どもは養育者を安全基地として探索行動や冒険をする。一人で手あたりしだいにやってみる遊びは，危険をともなったり困った行動になることもあるので，親は目が離せない。一方で，興味や関心のおもむくままに行動できる状態は，子どもの知的好奇心を育てるものである。安全基地である養育者が見あたらなくなった場合，探索行動は中断され，養育者の救援を求めて泣き出すのである。

　自我の芽生える3歳くらいから，養育者つまり愛着対象に対して自分を主張し，指示や手助けを拒否する反抗が見られる（第一反抗期）。一人でできるという自負心が芽生え，ことばではっきり「いや」と表現するのは成長のしるしであるが，扱いにくい時期でもある。おとなからみれば無理とわかっていることに対しても，自分で挑戦したい気持ちの方が勝っているのである。ここで，可能な範囲で子どもに任せてみること，ことばをとおして表現することを体験させたいものである。

　虐待をうけた子どもの場合，愛着形成が良好でない可能性がある。子どもは親に頼る存在だから，殴られるなどの虐待をうけても親から逃げ出すという考えを起こさない。つまり，虐待する養育者にでも頼るしかないので，殴られながらも養育者に接近する場合が多い。また，育児放棄（ネグレクト）のケースでは，泣くことがなく，一見おとなしく，よい子にみえる場合がある。これは，かまってもらえない体験から獲得された適応スタイルと考えられる。育児放棄が疑われるケースでは，衣服や衛生面はどうか，身長や体重の増加は順調かといった多面的な情報を統合しての確認が必要である。

2　玩具と遊び

　玩具は，子どもの遊びを豊かにする道具である。たとえば，積木で家を建てたり列車に見たてて遊ぶことが工夫や創造性を育み，主体的に外界を操作する体験となる。同時に，幼児期に仲間と過ごすようになると，玩具をとおしてのいざこざも頻発する。

　自分の所有物を認識する能力は，2歳代からみられる。友だちと一緒に過ご

すようなとき，誰かが自分の玩具を使っているところを見ると，取り返すという行動に出る。自分に玩具を使う優先権があると思う場合も同様である。その際，取り上げられた子どもは突然の出来事に泣き出してしまう。よくある子ども同士のいざこざである。

幼児には幼いなりに考えがあるが，それを表現する方法や，反対に気持ちを抑える力は弱い。他者に対する配慮や愛他的行動もこれから身につけてい

図3-6　子どもと遊び

く課題である。遊びの場面でのこのようないざこざやけんかは，対人関係を調整する学習のチャンスである。養育者は子どもの気持ちを受けとめると同時に，その気持ちを言語化することや，我慢することの大切さなどを体験させ，愛他的行動を促したり，よいところを見つけてほめるなどの介入をする。少子化できょうだいが少ないなど，子ども同志のかかわりが減っているので，おとなが意識的にかかわる必要がある。集団生活をとおして，また繰り返し体験することをとおして，幼児は社会性を身につけていく。

3　親子関係から友人関係へ

学童期になると，親に見守られて過ごす時間は減り，親以外のおとなや，子ども同士で過ごせるようになる。たとえば，保育所・幼稚園へは，親の送り迎えが必要だったが，小学校にあがると，近くの子どもたちと通学班をつくり集団で登校するようになる。学級においては，教師の指導の下，学級集団の中で目標と活動が組織され，各人の役割が与えられる。学年が進むと下級生の面倒をみる役割も与えられ，上級生としての自覚を求められるようになる。

学校以外にも自転車で出かけたり，小遣いを自分で管理するなど，生活における行動範囲や裁量も広がる。同時に，一緒に行動する友だちとの関係を大事にするようになる。このように，同性の友だちグループで行動することが多くなるが，この時期をギャングエイジとよぶ。グループで過ごすことは仲間同士

で信頼関係を育て，リーダーやメンバーとしての役割を経験する。互いの秘密を共有し，仲間の証として同じ品物を持ったり，価値観を共有することもある。一方，仲間と近くなることで，おとなと距離とるようになる時期である。また，異なるグループとの対立も生じ，これが集団の凝集性を高めることもあるが，学校における児童生徒を指導する上での課題ともなる。

　このように，小学校高学年になると親と離れて活発に行動するようになる。しかし，このころの子どもたちは，まだ生活全般を親に依存し，そこに疑問を感じることもなく過ぎていく。思春期までは，友だちの重要性が増す一方で，親子関係も比較的安定している。

4章 青年期の発達

1節 青年期とは何か

　青年期は，身体的にも精神的にも成熟が急速に進む時期である。青年を意味する"adolescent"ということばは「成熟に近づく」という意味である。それは，児童期と成人期にはさまれた時期であって，子どもではなく，まだおとなでもないという不安定な地位にある。レヴィンは，このような状況をマージナル・マン（境界人）ということばで特徴づけている。

　表4-1は，これから本章で登場してくる著名な研究者たちが「青年期」について語った名言集である。学習を深める一助にしてもらいたい。

表4-1 「青年期」に関する名言集

人　名	事　項	内　容
レヴィン	マージナル・マン	子どもと成人との中間に位置する
ミード	サモアの思春期	青年期は文化の所産であり，社会的現象である
ホール	疾風怒濤の時代	心身の変化が激しく，不安と悩みの多い激動の時期
エリクソン	心理・社会的モラトリアムの時代	おとなとしてなすべき義務が猶予されている時期
ビューラー	思春期	不安，反抗，乱暴といった否定的傾向の強い青年前期
ホリングワース	心理的離乳	乳児期の生理的離乳と区別して親から精神的に独立する時期
ルソー	第二の誕生	性にふさわしい社会的役割（性役割）を獲得していく時期
シュプランガー	自我の発見	精神的・社会的な自我の目覚め
オーズベル	脱衛星化	社会の中の一員として暮らしていくのに必要な知識やスキルを身につけていく過程

1　青年期の現われ方

　青年期というのは，人間だけにしかない時期であるといえる。他の動物は，親から保護されなければ生きていけない子ども時代と，生殖能力が備わり，自力で生きていくことのできるおとな時代の2つしかない。ところが，人間の場合は，身体的成熟のほかに，自我や知性，感情，社会性といった精神的な発達も必要とされる。それを確立し，おとなになっていかなければならない。これには長い年月がかかる。この時期が青年期である。

　しかし，同じ人間でも，国や時代，文化の違いなどによって青年期の現われ方は異なってくる。たとえば，日本の昔の子どもは12～15歳ころに元服という通過儀礼を経て，青年期を経ずに一気におとなの仲間入りをしていた。また，アメリカの文化人類学者ミードは，サモアの社会では文化の学習が連続的に行われるので，青年期特有の不安や動揺といった精神的特徴は見られず，むしろ青年期は，人生の中でもっとも楽しく充実した時期であるということを報告している。

　このように，青年期は，どの国，どの民族，どの文化にも見られるものではない。また，青年期に起こる突然の生理的変化が青年に不安と動揺をもたらすものでもない。青年期という現象は，身体的発達を中心とする生物的要因と，文化や社会の構造などの条件に基づく社会的要因の両者に規定されて生ずるものと考えられる。

　プレスコットは，①生物－心理学的発達に規定される身体的成熟，②青年自身の価値観，願望などの精神的発達，③文化，社会の生活形態による圧力，の要因が働きあい，そこから青年期のさまざまな問題が生じると指摘している。

2　青年期の始期と終期

　青年期は，一般的には第二次性徴の出現と，それに伴う心理的変化から始まるとされている。第二次性徴は，急激な身体的変化，声がわり，精通，初潮といった現象として起こる。とくに，男子より女子のほうがやや早く現われる。女子では11～12歳ころ，男子では12～13歳ころといわれている。したがって，青年期はこのころから始まると考えてよい。しかし，近年，発達加速現象とくに前傾化現象によって，生理的成熟は早くなっており，小学校の4，5年生こ

ろから，すでにおとなの体つきをした子どももかなり多く見られるようになっている。

一方，心理的変化としては，自我意識の高まりがあげられる。第二次性徴の出現によって，自分の身体や容貌あるいは異性への関心が強まり，自分は他人からどのように見られているのか，といった周りの評価を非常に気にするようになる。それは，オシャレを始めたり，いままで明るかった子が急に暗くなり，ものをいわなくなったり，人前に出ることを嫌がったりするような形をとって現われてくる。こういう傾向は，青年が自分や周囲を，これまで以上に敏感に意識するようになるからである。このような発達的変化が，青年の内部に強烈な自我意識を生み出すことになり，それは，親や教師，学校，社会への反抗という形で拡大されていく。ホールは，ゲーテのことばを引用し，心身の変化が激しく，不安と悩みの多い青年期の始まりを疾風怒涛の時代と表現した。

青年期を終え，おとなになるということは，心理学的に定義すれば「自分を確立する」ということである。「自分のやりたいことは何か」「どういう人間になりたいか」「どんな人生を送りたいか」という問いかけに，自ら答えていくことである。これをエリクソンは，自我同一性の確立とよんでいる。しかし，自我同一性を確立するということはなかなか容易ではない。そこで，周りのおとなや社会は，青年がおとなになるためのしばしの猶予期間（モラトリアム）を与える。その間，青年には社会的責任，役割，義務などが免除されるのである。このことをとおして，青年は，さまざまな試行錯誤的な行動を試みながら，おとなとしての自我同一性をゆっくり獲得していくのである。したがって，青年期の終わりには個人差があり，その年齢をはっきりと区切ることは難しい。たとえば，わが国のいくつかの法律を調べてみると，表4-2のように，未成年と成人との区分はまちまちであり，青年期の終わりは，社会的にも不明確な位置づけにあることがわかる。現代社会では，およそ25～30歳ごろと考えてよさそうである。

3 青年期の区分と特徴

青年期の始まりと終わりのころを比較すると，これが同じ青年かと思うほど，変わりようが激しい。そこで，青年期を前期（思春期），中期，後期の3期に

表4-2 各種法令による成人、未成年の呼称と年齢区分（田之内による）

法令の名称	呼称	年齢区分
公職選挙法	衆議院議員・参議院議員選挙権	20歳以上（2010年までに改正）
	衆議院議員被選挙権	25歳以上
	参議院議員被選挙権	30歳以上
国民投票法	投票年齢	18歳以上
少年法	少年	20歳未満の者
	成人	20歳以上の者
	刑事対象年齢	14歳以上
	少年院送致年齢	おおむね12歳以上
刑法	成人	20歳以上
	未成年	20歳未満（少年法が適用）
	刑事未成年者	14歳未満
児童福祉法	児童	18歳未満の者
	少年	小学校就学の始期から18歳に達するまでの者
学校教育法	学齢児童	6歳に達した日の翌日以降における最初の学年の初めから、12歳に達した日の属する学年の終わりまでの者
	学齢生徒	小学校（又は盲学、聾学校もしくは養護学校の小学部）の課程を終了した日の翌日以降における最初の学年の初めから、15歳に達した日の属する学年の終わりまでの者
民法	未成年者	20歳未満の者
	婚姻適齢	男　満18歳（ただし未成年者は両親または親権者の同意が必要） 女　満16歳
労働基準法	年少者	18歳未満の者
	労働者としての使用禁止者	15歳未満の者（例外あり）
道路交通法	児童	6歳以上13歳未満の者
	大型免許を与えない者	20歳未満の者
	普通免許を与えない者	18歳未満の者
	普通二輪免許、原付免許を与えない者	16歳未満の者
母子及び寡婦福祉法	児童	20歳未満の者
勤労青少年福祉法	勤労青少年	法律上の規定はないが、第7次勤労青少年福祉対策基本方針（平成12年12月当時の労働省）において「15歳以上、おおむね30歳未満」としている
風俗営業等取締法	年少者（客としての立ち入り、接客の禁止）	18歳未満の者
未成年者喫煙禁止法	未成年者	20歳未満の者
未成年者飲酒禁止法	未成年者	20歳未満の者
青少年保護(健全)育成条例	青少年	18歳未満の者（婚姻により成年に達したものとみなされる者を除く）
	子ども ※毎年、5月5日の「子どもの日」に総務省統計局から発表される子どもの人口	15歳未満

区切って，各段階での特徴的変化を見てみよう。

a 前期（思春期） 第二次性徴が発現し，身体的にはおとなになったものの，心理的・社会的にはまだ子どもっぽいところが残り，情緒的には非常に不安定な時期である。自己主張も強くなり，おとな社会の権威に反抗したり（第二反抗期），反社会的行動に出る者も多くなる。性的関心・行動も高まってくる。ビューラーは，不安，反抗，乱暴，怠惰といった否定的傾向の強いこの時期を思春期とよんでいる。

b 中期 中期は16～18歳の高校時代で，身体的発達も穏やかになり，社会的自覚もやや高まり，落ち着きを見せ始める。視野や価値観も広がり，日々の生活の楽しさ，生命の躍動感，自由の感情といった肯定的な気分が高まり，異性愛もはっきりとした形で目覚めてくる。ホリングワースのいう心理的離乳も果たし，自立へと模索しながら歩き始める時期でもある。

c 後期 後期は19～22,23歳の大学あるいは勤労青年の時代であり，自我同一性の確立がこの時期の大きな課題である。自我同一性とは，自分自身の中に構築された一貫性と不変性をもった自我像と，社会的な承認や期待のもとに構成された自我像とを統合して，自立した一人の主体的人間として「自分らしい自分を探し求めよう」とする自我の歩みをいう。たとえば，自分の成長過程のアルバムを見なくても，赤ちゃんのころ，幼稚園のころ，高校時代，現在の自分，すべてみな同じ自分だという確信をもつ。その上に，「男性としての自分」「…大学の学生としての自分」「…家の一員としての自分」など，「…としての複数の自分」をうまく階層づけて，「自分はこう生きていこう」とする心の大黒柱を建設することである。これがまとまってくるのが青年後期の時代である。

この過程は，いわば自我の発達過程でもある。ルソーは，この時代を指して「我々は二度生まれる。最初は生存するため，二度目は生きるため，また，最初は人間の一人として，二度目は性をもった人間として」と表現し，自己の性を受け入れ，その性にふさわしい社会的役割（性役割）を獲得していくことが大切であると説いている。

2節 青年期 ―その基本的意義―

1 移行期としての青年期

　青年期の基本的な特徴は、比較的安定した子どもの世界から、真の独立と安定の確立するおとなの世界へと移行する変化の途上にあるという点である。いわば、子どもの領域からなかば抜け出ていながら、まだおとなの領域にはしっかりと両足を着けていないという不安定な位置にある。しかも、移行期とか過渡期とかいう時代は不確定的であって、何が起こるかわからない。日々、姿を変えていく状況そのものである。前の体制が崩壊していく一方で、新しい体制が創造されていくという過程が流動的かつ同時に起こっているということである。いいかえれば、否定と肯定、不安と期待、動揺と安寧（あんねい）が同時に交錯する矛盾の時代といえる。発達的には、これを〈非連続の連続〉とよんでいる。

2 不安の時期

　青年期に入ると、子どもっぽい自分とおとなっぽい自分、理想の自分と現実の自分など、自己というものがいくつかに分裂する。そして、「自分が本当にやりたいことは何か」「どういう人間になりたいか」と問い詰めるが、はっきりと答えられない。苛立ち（いらだ）と不安が襲ってくるが、その理由もほとんどわからない。しかし、このような不安と動揺の中からこそ、やがて新しいものが生まれてくるのである。ホールが「疾風怒濤の時代」とよんで、この時期の危機を問題としたのは、このゆえんである。

3 再適応期

　児童期は、親や教師の意見を素直に聞き入れ、心身ともに安定した時代であった。しかし、青年期は、この落ち着いた情勢が大きく揺れ動く時期である。まず、青年は、子ども時代の生活態度や行動様式から抜け出して、おとな社会の一員に加わるべく自己を変革し、眼前に広がっていく新しい生活環境に再適応していかなければならない。子ども時代には手取り足取りの細やかな助言や援助があったが、青年期には、自分の力で学習と探索を繰り返さなければなら

ない。しかも，心身の急激な変化は不安と動揺を引き起こす。このような険しい道のりの中で，青年は自分と周りの世界との関係を再定義し，これまで抱いていた子どものイメージとすべての面で異なった自己概念を再構成しなければならないのである。

4　創造期

青年期は二重の意味において創造的である。ひとつは，自己創造であり，もうひとつは，社会改造や文化創造につながるという点である。青年が児童から成人へと移行していくことは，自分を新しく創造していくということである。また，青年の活動は社会・文化に新しい価値をつけ加えていく。青年の反抗性や批判性，破壊的なエネルギーも，新しいものを生み出すために古いものの否定としての意味をもつのである。

3節　青年期の心理と行動

1　身体・運動機能の発達

思春期に入ると，身長が急に伸び始め，性ホルモン（アンドロジェン，エストロジェン）の分泌によって性的機能が成熟し，性差が顕著になる。女子では，身体の豊満，乳房の発育，骨盤の肥大，皮下脂肪の増加，初潮などがみられ，男子では精通，咽頭の隆起，声がわりが始まる。このような現象を第二次性徴という。

たとえば，第二次性徴と発達加速現象との関係をみると，男女16歳の平均身長は，1900（明治33）年では男子156.1cm，女子146.1cm，1975（昭和50）年では男子167.9cm，女子156.2cm，2005（平成17）年では男子170.0cm，女子157.8cmと，伸びている。また，平均初潮年齢は，1920（大正9）年では16歳，1940（昭和15）年では14歳であったのが，近年は12，13歳である（日本産婦人科学会，1997年調べ）。しかし，その速さや移り変わりに要する期間の長さについては非常に個人差が大きい。平均的にみれば，女子の方が男子より約1，2年早く思春期に入り，また，その分だけ早く成熟に達するといってもよい。

2 知的発達

児童期の思考が主として現実の具体的事物・事象を対象としていたのに対して，青年期に入ると論理的・抽象的な思考，内省的思考が可能となる。一方で，自我に目覚め，妥協を許さない理想主義的傾向も強くなり，家庭・学校・社会に対して鋭い批判の眼を向けるようになる。

青年期における思考の最大の特徴は，いま自分が何を思い，何を考えているのか，その思考内容や思考過程を内省の対象とすることができるという点である。これは，まさにシュプランガーのいう精神的自我の発見にほかならない。青年が「自分とは何か」を考え，自分の性格について反省し，自分の人生観や思想を形成し，自分の将来を探索することができるようになるのは，このためである。

3 情緒・感情の発達

第二次性徴に伴う身体的変化は，思春期に大きな心理的変化をもたらす。発毛や胸のふくらみにとまどい，それが友人と比べて早かったり，遅かったりすることに思い悩む。身体は成熟しているが，精神的にはまだ子どものあどけなさが残っている。このギャップが心の内部で不調和感や劣等感，違和感などを引き起こす。ちょっとしたことに情緒的反応を起こし，緊張，興奮する。中学生に「めんどくさい」「かったるい」「うっとうしい」といった〈むかつき爆発〉が多くみられたり，反対にほんのわずかな好意に感激したりするのは，このためである。この過程で障がいが生じると，さまざまな問題行動や不適応行動，青年期特有の精神病理が起きることもある。しかし，後期になると青年の感情は次第に成熟し，情緒を抑制し，より間接的な現わし方ができるようになる。

4 社会性の発達

おとなになるということは，身体や心がおとなの水準に達するということだけではなく，おとなの社会に参加して，おとなの役割を果たすということも意味している。社会参加をとおして，青年はおとなとしての役割や知識，スキルを身につけていくのである（社会化）。オーズベルは，これを脱衛星化といっている。

a 友人関係の深化　オーズベルは，青年期の交友関係のタイプを，①クリーク (clique)：結びつきの強い仲良し集団，②クラウド (crowd)：クラブ活動などの仲間関係，③ギャング (gang)：児童期のギャング集団に類似，に分類し，青年期の交友関係の特徴として，①クリークからクラウドへと拡大，②親友の成立，③準拠集団としてのつながりの深化，④異性への関心の増大，をあげている。つまり，心理的に離乳した青年は，外の世界に自己の安定感を求め，交友集団に所属することを願い，その集団がもつ行動基準へ自己を同一化させようとする。さらに，自我意識の確立に伴って，真の理解者を求め，親密な友人関係を結ぶようになる。こうして，青年は自制心・自立心を獲得し，バランスのとれた社会性を身につけるようになるのである。

b 道徳性の発達　青年期になると，道徳性もかなり発達し，小さな原則に従おうとするよりは，もっと根本的な大原則から，具体的場面において何をすべきかを判断し，自立的に行動できるようになる。コールバーグは，ピアジェの道徳的判断に関する研究に基づいて，道徳性の認知発達理論を提唱した。それは，次の3水準6段階説である。

Ⅰ　前道徳的水準　①罰を避けるために規則に従う　②報酬や好意を得るために同調する

Ⅱ　慣習的な規則への同調　③他人に認められ，嫌われないようにする「良い子の道徳性」　④権威によって維持される道徳性

Ⅲ　自己受容的な道徳的原理　⑤民主的に受容された法による道徳性　⑥良心に基づく道徳性

5　自我の発達

　幼児は自我意識が明瞭ではないから，自分の行為に対する自覚をもたない。したがって，享楽から享楽へ，興味から興味へと心をつなぐだけである。もちろん，幼児でも，自分のもの，自分の両親，自分の家といった区別はできるが，これらは感覚的・情動的関心であり，自分の身体や事物に結びついた自我意識である。

　児童期に入ると，その認識領域は拡大され，自我が拡張されていく。親に叱られる自分，仲間に認められる自分，いろいろな自己像が心の中に渦巻く。し

かし，まだ，それを統一して「自分はこうだ」と主張することはできない。自我がその幼児性を脱却し，自己像が確立されるのは，主体的自我が明瞭に意識され，自己を省察できるようになる青年期である。

a 自己概念の発達に及ぼす要因
(1) 自分の中の優越した行動パターンによって自分自身を知覚する。
(2) 周りからの評価をとおして自分を見る（鏡映的自己）。
(3) 社会的比較で，他人との社会的関係の中で，自分をどの程度の重要さで認めるかによって自己概念が決定される。
(4) 役割遂行の成否が最終的な自己概念を決定する要因となる。

b 自我の拡張と沸騰
第二次性徴による急激な心身の変化に直面して，青年の関心は自分自身に向けられる。そして，内面を意識するようになると，独立の欲求が目覚める。親や教師などの監督や統制から離れて，自分の考えに基づいて自由に独立的に行動し，自己の特権を主張しようとする方向へと広がっていく。第二反抗期といわれる現象である。
(1) 反抗のターゲットは親だけでなく，社会全体に向けられる。
(2) 幼児期の単純な自己中心性とは異なったエゴイズム的反抗がみられる。
(3) 感情の論理で統制され，意地っ張り，不従順，粗暴が現われる。
(4) 反抗に身体的な力が加わり，かつ，われわれ意識というものに支えられて集団的になってくる。
(5) おとな社会に対する激しい反抗の背後に，親密さを切望する依存性が横たわっている。
(6) 反抗のベースになっている情動は怒りであるが，自我（見る自分）と自己（見られている自分）との間にも対立関係が生じてくる。

青年期における自我の探究は，このような泥沼の中から這い上がってくるところから始まるといってもよい。

それでは，親や教師にどのような援助ができるのであろうか。青年を理解し，かかわっていくためのポイントとして，次のようなものがあげられる。
(1) 応答的環境〈何かを聞かれたとき，すぐ答えることができる環境〉を整える。
(2) 本人の思いに耳を傾け，その感情に気づく。

(3) 行動の背景に隠された意味を考慮する。
(4) 本人の日常生活を多面的に評価する。
(5) 家庭環境を改善する。
(6) 親や教師がよいモデルとなる。
(7) 自立心・自尊心を尊重する。
(8) 自己効力感（自分のもつ力）を育てる。

c　エリクソンのライフ・サイクル論　人生の各段階には，その時期に特有な生理的・心理的・社会的問題や，獲得すべき発達課題がある。したがって，人それぞれの自我の成熟度に応じて，悩みや精神病理も異なってくる。とくに青年期は，精神的にはまだ未熟であるにもかかわらず，さまざまな未知の体験に対処していかなければならない。このため，心理的な危機状態に陥りやすくなる。自分の身体的な変化や性的衝動，友人・異性関係，将来の進路や家庭生活に対して，自分はどう対応し，どのようにかかわっていったらよいのか，真剣に思い悩むことも多い。これらの危機的な新しい体験を自分らしい方法でうまく克服し，自らのものとして統合していけるかどうかが，自我の成熟のあり方にかかっているのである。

　エリクソンは，人生の周期を心理的・社会的発達の側面から8つの段階に分け，人は各段階での出会いの中で，心理・社会的課題と危機を解決しながら，それぞれ特徴のある自我を発達させていくと考えた。フロイトの発達理論と違うのは，とくに，乳幼児期の性愛的な体験を重視せず，発達を人間一生の出来事としてとらえ，より広い社会的な要素を加味した点にある。

　図4-1は，エリクソンや他の研究者の発達理論を参考にして，乳児期から青年期にかけての各ライフステージにおける自我の発達過程を，竹の節にたとえて，わかりやすくまとめたものである。本文中の記述と対照しながら，理解を深める一助としてもらいたい。

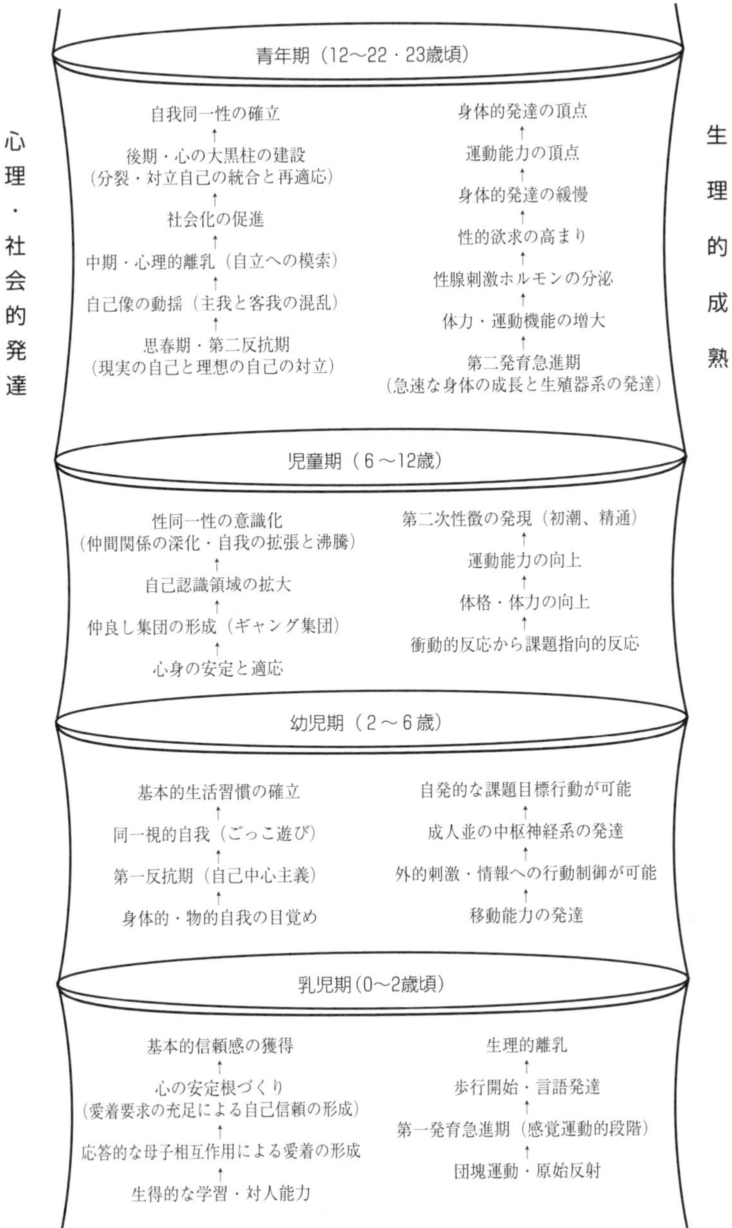

心理・社会的発達 / 生理的成熟

青年期（12〜22・23歳頃）

- 自我同一性の確立
  ↑
- 後期・心の大黒柱の建設
  （分裂・対立自己の統合と再適応）
  ↑
- 社会化の促進
  ↑
- 中期・心理的離乳（自立への模索）
  ↑
- 自己像の動揺（主我と客我の混乱）
  ↑
- 思春期・第二反抗期
  （現実の自己と理想の自己の対立）

- 身体的発達の頂点
  ↑
- 運動能力の頂点
  ↑
- 身体的発達の緩慢
  ↑
- 性的欲求の高まり
  ↑
- 性腺刺激ホルモンの分泌
  ↑
- 体力・運動機能の増大
  ↑
- 第二発育急進期
  （急速な身体の成長と生殖器系の発達）

児童期（6〜12歳）

- 性同一性の意識化
  （仲間関係の深化・自我の拡張と沸騰）
  ↑
- 自己認識領域の拡大
  ↑
- 仲良し集団の形成（ギャング集団）
  ↑
- 心身の安定と適応

- 第二次性徴の発現（初潮、精通）
  ↑
- 運動能力の向上
  ↑
- 体格・体力の向上
  ↑
- 衝動的反応から課題指向的反応

幼児期（2〜6歳）

- 基本的生活習慣の確立
  ↑
- 同一視的自我（ごっこ遊び）
  ↑
- 第一反抗期（自己中心主義）
  ↑
- 身体的・物的自我の目覚め

- 自発的な課題目標行動が可能
  ↑
- 成人並の中枢神経系の発達
  ↑
- 外的刺激・情報への行動制御が可能
  ↑
- 移動能力の発達

乳児期（0〜2歳頃）

- 基本的信頼感の獲得
  ↑
- 心の安定根づくり
  （愛着要求の充足による自己信頼の形成）
  ↑
- 応答的な母子相互作用による愛着の形成
  ↑
- 生得的な学習・対人能力

- 生理的離乳
  ↑
- 歩行開始・言語発達
  ↑
- 第一発育急進期（感覚運動的段階）
  ↑
- 団塊運動・原始反射

図4-1　ライフステージにおける自我の発達（平林，田之内による）

4節　おとなになれない若者たち

　現代は，自我同一性を確立しにくい時代である。本来，モラトリアムとは，社会が青年に自我同一性を確立させるための準備期間として提供しているものであるが，青年はそこからいつまでも抜け出せなくなっている。ここに，現代社会でおとなになることの難しさがある。社会に出ても，実際はまだモラトリアム人間的な生き方をしているおとなが多いのである。

　このような生き方は，自我同一性の確立という観点からみれば，おとなになれない人ということになるが，現代では，精神的に何をもっておとなとみなすかは，とても難しくなった。いまはおとなのような13歳もいれば，子どものような20歳もいる。いわば，〈おとな〉の概念が変わったのである。

1　引き延ばされる青年期

　青年期の始まりは，おおよそ第二次性徴の出現の時期とされているが，現代社会にあっては発達加速現象によって青年期の開始が早められている。身体各部位の成長速度は前世代よりも促進され（成長加速過程），また，精通や初潮，歯牙の発生や完了，乳歯と永久歯の早期交替なども低年齢化している（成熟前傾過程）。したがって，現代の青年には，身体的にはおとなでありながら，精神的にはまだ子どもという，大きなズレが生じている。

　一方，青年期の終わりを表わす経済的・社会的自立という点では，以前よりかなり遅れている。それは，近年，上級学校への進学率が高まり，さらに晩婚化も加わって，一人前の社会人，職業人となる時期が引き延ばされてきたからである。いわゆる親のすねをかじる時期が長くなっている。青年期の問題は，ますます大きくなるばかりである。

　a　パラサイトシングルの時代　学卒後もなお親と同居し，衣食住を親に依存している未婚者をパラサイト・シングルという。結婚して2人で所帯をもつ前の形態としては合理的な選択肢といえるが，いつまでも親元に居候することで結婚しない人が増え，ひいては，これが少子化の一因となっていると批判する声もある。彼らに共通しているライフスタイルは，「経済的に豊か」「人間関

係に満足している」「自己実現性が高い」といった点である（山田昌弘）。

　b　フリーターやニートの増加　フリーターは，正社員以外のアルバイトやパートなどで生計を立てている人を指すことばであるが，その心理的背景には，全員ではないが，モラトリアム人間的な考え方がみられる。つまり，集団や組織への帰属，忠誠を捨てて，何事にも一時的，暫定的にしかかかわろうとせず，いつでもそこから逃げ出せる自由を保障しておこうとするのである。

　一方，ニートは，"Not in Education, Employment or Training" の頭文字をとったイギリス生まれの造語で，若年無業者をいう。働いていないし，働くための具体的な行動もしていない者のうち，「15歳〜34歳」で「家事・通学をしていない人」に加えて「卒業者，未婚者に該当する人」と定義されている。

　フリーターは，働く意思をもち，現実に働いているが，ニートは，その原因はともかく，働く意思をもたず，働くことができず，現に働いていない。ニートは，「働かない若者」ではなく，心の底では働きたいと思っているが「働けない若者」という人もいる。人間関係に疲れ，無職でいる自分の現実を前に「別に無理してまで働かなくてもいい」と考えるのである。

2　悩みなき青年期

　青年期は，内面に不安，動揺を抱き，傷つきやすく，悩み多き時代である。理想に燃えた青年が，一転して堕落の淵へ沈んでしまうことも珍しくない。青年は，悩み，苦しみ，もがくことで成長し，おとなになっていく。したがって，青年が明るく軽く振舞っていると，おとなは，「どうした？　もっと悩めよ」と小言をいいたくなる。

　いまの青年をみていると——といっても，何年後かには過去の青年になってしまうが——，自分を見つめ，悩むことを回避しているようである。昔の青年には「断崖」があった。もっとも親しい人に対してさえ黙り込み，心を閉じてしまった。しかし，いまは悩まない。児童期から子どもっぽく明るく軽く人生を送っている。内的葛藤を軽視し，すべて表面だけの軽いタッチを重視する。悩み，孤独に浸ると，暗いといわれる。「マジ」・「ネクラ」や精神主義・「ガンバリズム」は敬遠され，冗談・ユーモア・ふざけ好きのお調子者が好まれる。落ち込むこともごめんなら，相手を傷つけることもいやな心優しい世代である。

大学の授業に出るのも，単位が欲しいから，出席をとられるからで，勉強するかしないかは個人の自由だから，自分から進んではしない。親や教師に反抗することもなく，逸脱することもなく，不適応行動も少ない。おとなからみれば，優等生である。

　いまの青年の多くは，適応的に振舞い，安定的・連続的に成長していくのであって，目立った苦悩や反抗・逸脱を示すことは少ない。従順で，物分りがよく，保守的，適応的である。社会的にも何の問題もない。杉原保史（2003）は，こうした見方を古典的青年観に対比させ青年期平穏説とよんでいる。

　このような「青年らしくない青年」をみると，「若者はもっと悩み苦しむべきだ」とおとな世代はいうが，それは青年個人の責任だけではない。悩まないですむのは，社会構造がそのようにしているからともいえる。たとえば，厳しい受験戦争や就職戦線が，青年から悩みを奪っているのかもしれない。その意味では，現代の社会はいまの若者たちに，かつての哲学青年ほどの豊かな悩みを体験させる余裕を与えてはいないということになろう。

5章 学習の理論

1節 学習の概念

1 生活体の行動

　人や動物は，それぞれの環境にうまく適応して生きているが，その行動は，進化の過程で個体と種の生存に有利な形質を獲得したことに基づいている。よりよく適応した個体は，より多くの子孫を残す結果となり，進化の方向性が決まる。ハタラキアリが自分の卵は産まずに，女王アリの卵の世話をするのは，血縁集団を育てることで，自分の遺伝子をもった子孫を増やし，適応度を高めているのである。波に揺られ浮遊しているだけにみえるプランクトンも，光に対する走性のあることから，適応的に動いているのがわかる。

　本能的行動や走性，反射などの先天的で生まれつき備わっている適応のメカニズムは種に固有のものであり，その行動様式は定型的で他に選択の余地はない。本能的行動は，かなり複雑な行動である。しかし，いったん行動が解発されると，状況が変わってもあらかじめ組み込まれた一連のプログラムが型通りに進行する。生得的行動は選択に迷うことはないが，融通のきかない，柔軟性に欠ける行動である。

　ティンバーゲンは，イトヨのオスの配偶行動について実験を行った（図5-1）。腹部のふくれていないメスの精巧な模型と，腹部のふくれを強調したあいまいな形の模型に対するオスの反応を比較したところ，オスの一連の配偶行動は，腹部がふくれている模型によって解発されることがわかった。特定の特徴さえ備

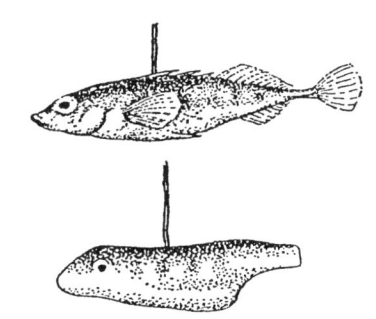

図5-1　ティンバーゲンがイトヨの配偶行動の観察に使った模型
（ティンバーゲンによる）

わっていれば，メスでなくても配偶行動を起こすのである。

カモやガンは，孵化後，最初に接したものが玩具のオトリであっても，その後はオトリに対して母親を追う反応をするようになる（図5-2）。これは，生後10数時間という臨界期に限って認められる行動様式であり，刻印づけ（インプリンティング）とよばれている。この場合，初期経験によってその後の行動が固定されてしまうという点で，他の生得的行動と同じように，融通のきかない，柔軟性に欠ける行動であるといえる。動物の行動のかなりの部分は，遺伝的要因に支配されていることがわかる。これに比べて人の行動は，過去に経験した出来事に基づいて，現在の行動を柔軟に変化させ，その時々の状況（環境）に適応しているのである。

図5-2　インプリンティングの実験（ヘスによる）

2　学習とは何か

学習は教科の勉強に限らない。衣食住の生活習慣から社会的行動にいたるまで，日常行動のほとんどは経験することによって習得したものである。そこで心理学において，学習とは「さまざまな経験の結果として，比較的永続的な行動の変化が成立する過程，または新たに行動を獲得する過程」と定義される。したがって，経験によって生じたものであれば，それが不適切な変化や行動であっても学習によるのである。ただし，病気や疲労，薬物の投与などによる一時的な変化は含まれない。

認知科学の領域では，人をコンピュータのような情報処理体とみなすことが多く，学習を含むさまざまな認知活動は，情報処理過程にほかならないと考えている。そして，認知活動は記憶のはたらきによって支えられている。記憶は，情報を貯蔵したり，貯蔵した記憶内容をその軽重によって選別したりする過程を担っている。

3 学習の類型

学習は，何がどのようにして学習されるのかという学習の内容と，学習の過程に分類することができる。前者の例としては，イヌ－DOGのように2つの刺激の結びつきを学習する対連合学習や，五十音を順番どおりに覚える系列学習などがある。後者の例としては，試行錯誤説と洞察説がある。試行錯誤説は，問題を解決するにあたって試行錯誤を繰り返しながら，漸進する過程を重視する。洞察説は，過去の経験を生かして全体の見通しをつけ，一挙に解決することを学習の本質と考えている。

このように，学習の分類は一様ではない。人が単語を覚えることができるのは，その単語の意味の学習をともなっているからであって，実際は複数の過程が同時的あるいは継時的に進行しているのである。

2節　条件づけ

1　古典的条件づけ

消化腺の研究で1904年にノーベル賞を受賞したパヴロフは図5-3のように，イヌの唾液腺の活動を調べているときに，イヌは餌を運んでくる人の足音がしただけで唾液を分泌することに気がついた。そこで，音を鳴らした後すぐに肉粉を与えることを繰り返したところ，やがて音を鳴らしただけで，唾液を分泌する反射が起こるようになった。もともと唾液反射は，餌によって自動的に解

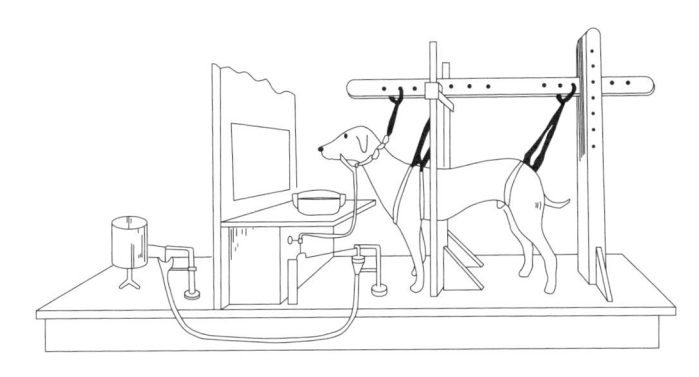

図5-3　パヴロフの条件反射の実験

発される生得的な反射であり，音に対する反射ではない。しかし，そのような実験条件のもとでは，音の刺激だけでも唾液反射が生じたのである。パヴロフは，この現象を特定の条件のもとで起こる反射と考えて条件反射と名づけた。

　古典的条件づけとは，パヴロフの実験手続きに従った学習のことである。特定の反射を解発する性質をもつ本来の刺激と，その反射とは無関係な刺激を同時に繰り返し呈示すると，2つの刺激が結びついて，無関係であった刺激が本来の刺激と同じ反射を解発するようになる。ここで，刺激を対にして呈示する手続きを強化，餌を無条件刺激とよぶ。本来の唾液分泌の反射と無関係であった中性刺激の音は，無条件刺激の餌と接近することによって，唾液分泌を解発する条件刺激の性質を帯びることとなり，唾液反射がそれまでと異なる新しい刺激（音）でも生じるようになるのである。

　条件反射は，2つの刺激が時間的に接近しているほどすみやかに起こるので，学習の成立要件として"接近の法則"が提唱された。条件刺激が無条件刺激を予想させるはたらきをもっていることも，重要な要因と考えられている。

　a　消去　条件反射が成立したあとで，条件刺激のみを反復呈示すると，しだいに条件反射は少なくなる。この過程を消去という。消去の手続きによって抑制された条件反射は，しばらく間をおいて再度，条件刺激を呈示すると，同じ反射が出現することがある。これを自然的回復（自発的回復）とよぶ。

　b　般化と分化　条件反射が成立したあとで，条件刺激に類似した刺激を呈示すると，程度は弱いが同じ反射が生じる。これを般化という。このとき，もとの条件刺激に対しては強化の手続きを行い，類似の刺激のほうは強化しないと，やがてもとの条件刺激だけに反射が起こるようになる。これを分化という。

　c　恐怖条件づけ　中性刺激である音と，嫌悪刺激である電気ショックを対にして強化すると，条件刺激としての音を聞くだけで恐怖反応が生じるようになる。餌のような快の情動を生じる刺激だけでなく，不快な刺激でも条件づけは成立するのである。

　d　二次条件づけ　条件反射が成立したあとで，条件刺激と新たに用意した中性刺激を対にして強化すると，新しい条件刺激に対しても条件反射を生じさせることができる。もとの条件づけに対して，この条件づけを二次条件づけとよぶ。

2 道具的条件づけ

スキナーは，レバーを押すと給餌される仕掛けを備えた装置（図5-4）を使って，ネズミの"自発的"な学習の過程を分析した。空腹のネズミをスキナー箱に入れると，活発な探索行動がみられる。試行の最初の段階では，ネズミの身体の一部がレバーに触れただけでも，実験者が給餌装置を操作して，餌を与えてやる。シェーピング（反応形成）の手続きによって，目標とするレバー押し反応を起こしやすくするのである。

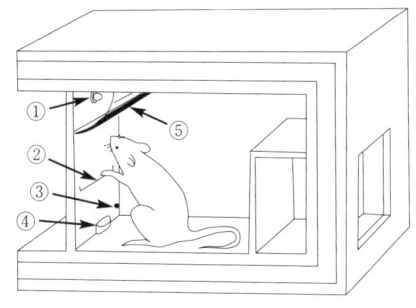

①照明，②レバー，③水の出る口，④餌皿，⑤スクリーン

図5-4 スキナー箱

試行回数が増えるにしたがって，しだいに無駄な行動は減少し，自発的にレバーを押す反応が多発するようになる。レバー押し反応は，餌を獲得する手段なので道具的条件づけとよび，自発的・能動的に環境に働きかける反応なのでオペラント（自発的な）条件づけともいう。これに対して古典的条件づけは，刺激の呈示に対して反射が受動的に生じるだけの反応であるところから，レスポンデント（応答する）条件づけともよばれている。

このような反応が成立するためには，レバー押し反応の直後に餌が与えられることが重要である。レバー押し反応に対して餌を与えることが，その後のレバー押し反応の頻度を高めることになる。反応の結果が，その後の反応を決めるのである。ここで，反応頻度を上げるはたらきをする餌を強化子とよぶ。

a 強化と消去 スキナーの実験では，自発的にレバーを押したときに餌を与える手続きが強化である。レバーを押しても給餌されない（強化しない）と，ネズミはしだいにレバーを押さなくなる。この過程が消去である。

b 強化スケジュール 強化子は，必ずしも反応のたびに与える必要はない。連続的に強化するよりも間欠的に強化するほうが，消去抵抗は高い傾向にある。反応ごとに強化することを連続強化，配分して間欠的に強化することを部分強化という。

c 般化と弁別 道具的条件づけにおいても，状況が類似していれば般化が

生じる。また，刺激を区別して反応する現象を，古典的条件づけでは分化とよんだが，道具的条件づけでは，刺激に応じて異なる反応をすることを弁別という。たとえば，ハト用のスキナー箱で，反応キーが緑色光で照らされているときにキーをつつくと給餌し，他の色では与えないように操作すると，ハトは緑色光のときだけ反応するようになる。つまり色を弁別したのである。

d 逃避学習と回避学習 嫌悪刺激は，逃避行動や回避行動を強化するのに使われることがある。たとえば，電気ショックを何回か経験させられたネズミは，やがてその場から無害な区画へすばやく逃げることを学習する。これは逃避学習である。また，予告刺激が呈示された後にレバーを押せば，通電されないですむような仕掛けで訓練すると，ネズミは電気ショックを事前に回避することもできる。これは回避学習である。

e 学習の試行錯誤説 ソーンダイクは，図5-5のような檻に入れた空腹のネコが，檻から脱出して餌を獲得する過程を観察した。この"課題を解決する"過程で，当初は檻のすき間から前足を出したり，箱をひっかいたり，無駄な行動を頻発するが，試行を繰り返すうちに，偶然にカンヌキがはずれて餌にありつくことが起こる。餌という報酬を受ける機会が増し，その分だけ無駄な行動は減少して解決に要する時間が短くなっていく。ソーンダイクは，一連の観察から問題解決学習は試行錯誤の繰り返しによるものと考え，"満足をもたらす反応は反復され，不満足をもたらす反応は除去される"と結論づけた。満足または快をともなう状況のもとでは，刺激と反応との結びつきは強まり，反応が起こる割合は高くなる。これは報酬の効果によるのであり，"効果の法則"とよばれる。先に述べた"接近の法則"とともに，学習が成立するのに不可欠な要件と考えられている。

ハルは，この反応が飢えの動因を低下させるのに有効な場合に学習が成立するとして，"動因低減説"を提唱した。

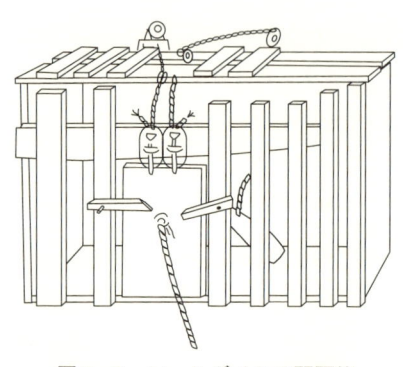

図5-5 ソーンダイクの問題箱

3節　技能学習

1　感覚と運動の協応

　パソコンのキーボードを叩いたり，自転車に乗ることを覚えるなど，日常行動の多くは，さまざまの技能を習得することによって成り立っている。ここでは，学習の基礎としての条件づけから眼を転じて，日常動作に習熟する過程としての学習について考えてみる。

　技能の学習において，たとえば車を運転する場合には，感覚系と運動系が協応的に機能することが重要であり，そこには認知的な側面が含まれているので，知覚運動学習ともよばれる。またこの過程は，動作の習熟でもあるため運動学習ということもある。

2　結果の知識

　技能学習の進行の様子を調べる実験に，図5-6のような鏡に映った星型図形の溝を見ながら，はみ出さないようにすばやく一周する鏡影描写がある。試行中の誤りはすぐ視覚的にフィードバックされるので，修正を繰り返すことによってしだいに上達していく。この過程で，フィードバックされる正誤情報のことを結果の知識という。もしこれが欠けると，練習の結果の良し悪しがわからないので，効果の法則が十分に機能せず，次の段階へ進むことが困難になる。

　ジョンソンは，熟練者の技能は，速度・正確さ・フォーム・適応力が組み合わさったものであるという。速さや正確さばかりでなく，熟練者のフォームにみられるような効率的な遂行の仕方を身につけていること，そしてどのような状況にあっても，うまく遂行する適応力に優れていることの大切さを指摘している。

図5-6　鏡影描写器

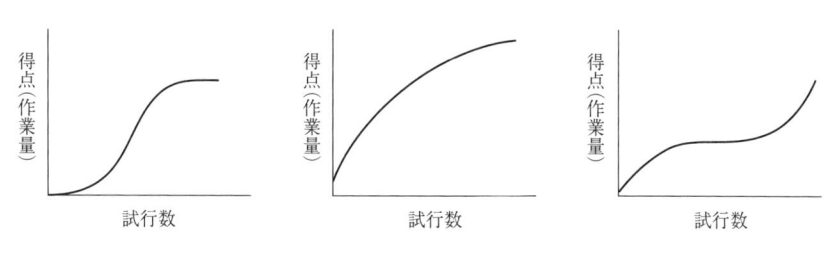

図5-7　学習曲線のモデル

3　学習曲線

　学習の進行の程度をグラフに表したものを，学習曲線または練習曲線という（図5-7）。学習も練習も新しい行動を獲得することであるが，練習ということばは，反復の効果に重点を置いて使われることが多い。
　一般に，技能の学習における平均的な学習曲線は累積度数曲線であり，消極的加速度曲線あるいはＳ字状のパターンを描く。学習の各段階で限界に近くなると，進歩の見られない横ばいの時期を経験することがある。この現象は，学習曲線におけるプラトー（高原現象）とよばれる。プラトーの時期は個人差があり，それは遂行の過程で，学習すべき水準が人によって異なるからである。プラトーは，ある水準を超えようとするときの過渡的な時期を表している。

4節　認知学習

1　洞察説

　これまで見てきたパヴロフやスキナー，ソーンダイクなどの研究は，学習の成立要件を，刺激と刺激の接近あるいは刺激の強化効果に置くものであった。伝統的な学習の分類に従うと，それらはどれも刺激と反応との連合を重視しているので，学習の"連合理論"のグループメンバーである。
　これに対してトールマンは，学習とは刺激と反応の強化ではなく，手段と目標との全体的な関係を，内的な"認知地図"として形成することであると主張した。ネズミの迷路学習においては，迷路の特徴が目標へ到達する手段となり，目標までの路線図を予測して行動することができるようになるという。

図5-8　ケーラーの実験

　このような学習における認知のはたらきの重要性を明確にしたのは，ケーラーである。チンパンジーに天井から吊るしたバナナを取る問題を課したところ，試行錯誤というより，突然ひらめいたように，そばにあった箱を踏み台にしてバナナを手に入れたという（図5-8）。このような問題解決行動は，問題場面に対する認知構造を転換することによって可能となるのであり，場面全体の見通しを獲得することであると説明した。

2　観察学習

　他者の行動を観察して，模倣することがある。ミラーとダラードは，さまざまな社会的行動は，他者の行動を観察し，他者と同じ行動をしたときに，強化を受けることによって学習されると述べている。
　バンデューラは，社会的学習理論において，他者が行う行動を観察しているだけで学習は成立するとして，モデリングと名づけた。この場合，観察者が直接強化を受けることはなく，他者が受ける強化を観察することになる。これを代理強化とよんでいる。

5節　学習と記憶

1　記憶の段階

経験によって新しい行動を獲得する過程が学習である。もしも獲得した行動や情報を保持する過程がないとしたら，学習は成立しない。記憶のはたらきが関与しない行動は皆無に等しい。日常の生活は記憶のはたらきによって支えられているのである。

記憶の科学的研究は，エビングハウスの実験から始まった。無意味綴りを考案したり，"忘却"の過程を明らかにしたのもエビングハウスである。今日では，情報処理理論からのアプローチが主流となっている。

記憶の段階は，次の3つに分けることができる。

a　記銘と符号化　経験したことを覚え込むことを記銘という。外部から入力された物理的な刺激を，意味のある情報として取り込めるように変換する段階である。符号化ともいう。

b　保持と貯蔵　記銘した情報を保持する段階を貯蔵という。

c　想起と検索　保持されている情報を再現することが想起である。これは，必要な情報を探し出して利用する段階なので，検索ともよばれる。

2　記憶の検査法

情報が貯蔵されていることを直接確認できないが，学習したことを想起できるか否かを調べることによって明らかにすることができる。

a　再生法　貯蔵されている内容を，そのままことばや動作で表現させる方法である。いわゆる記述式の問題は，この方法に沿ったものといえる。

b　再認法　出題された内容が，以前に学習したリストに含まれているか否かを確認させる方法である。多肢選択式の出題形式はこれに相当する。

c　再構成法　学習した順序のとおりに復元させる方法である。単語を並びかえて答える問題はこれに準じたものである。

3 記憶の種類

記憶は，保持時間の長さによって区分される。

a 感覚記憶　入力された刺激は，数秒以内ならば感覚刺激としてそのまま貯蔵される場合がある。はじめて耳にした電話番号や意味不明の単語でも，音刺激として，おうむ返しに言うことができるのは，感覚記憶によるのである。

b 短期記憶と長期記憶　感覚刺激のうち注意が向けられた刺激だけが短期記憶に入る。しかし，リハーサルをしないと数十秒の間に消失してしまう。リハーサルをするときに，たとえば電話番号に語呂合わせをして意味づけてやると長期記憶に移りやすくなる。意味を付加する方略は精緻化とよばれる。

日常では，記憶は"思い出"のように長期記憶をさすことばとして使われている。長期記憶は教育活動の重要な要因である。従来の記憶研究の多くは長期記憶の研究である。

4 忘却

以前に学習したものと同じ材料を，一定時間が経過した後でもう一度学習してみると，前回よりも容易に達成できることが予想される。これをエビングハウスは，初回に要した時間と再学習に要した時間の差分が節約されたためであると考えた。この差の値と初回の値との比率を節約率として，忘却の過程を表したものが図5-9の保持（忘却）曲線である。長期記憶は，記銘した直後か

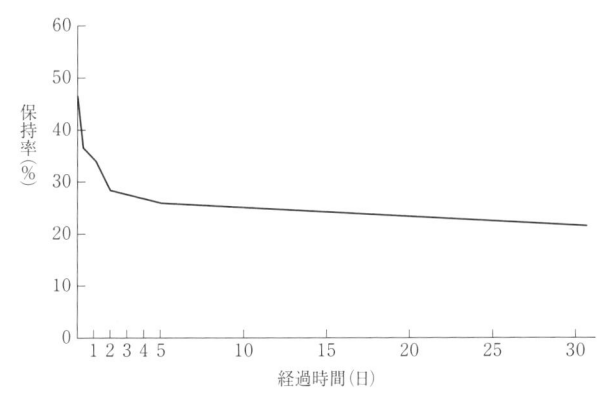

図5-9　エビングハウスの保持（忘却）曲線　（エビングハウスによる）

　　　　　逆向干渉：先行学習 → 後続学習 → 先行学習の保持率の低下

　　　　　順向干渉：先行学習 → 後続学習 → 後続学習の保持率の低下

図 5-10　忘却の干渉説

ら急速に減少し，その後はあまり変化しないことがわかる。

　忘却とは，一般的には何らかの理由で長期記憶が想起できないことである。古くからの考えは，実体としての記憶痕跡が失われるというものである。現在のところ，この説は病理的な原因のほかは確証がない。

　検索失敗説は，貯蔵の段階で情報が互いに関連づけ（精緻化）されていないと手がかりとなるものがなく，検索に失敗する（想起できない）というものである。

　干渉説には2つのタイプがある。1つは，後で記憶したものが前の記憶と類似しているために干渉が起こり，前の記憶が想起しにくくなるという時間的逆向干渉説である。もう1つは，前の記憶が後の記憶を干渉して，後から記憶したことが想起されにくくなる時間的順向干渉説である（図5-10）。

　抑圧説は，精神分析学のフロイトが臨床的知見から着想したもので，自我を傷つける不快な経験は抑圧され意識にのぼらないという。

　忘れるということは，必ずしも否定的で後ろ向きなことではない。不快な情緒的経験は捨て去り，積極的に新しい快的な経験をすることが，よりよく適応することにつながるのである。

6章 効果的な学習

　すべての教師は，生徒のためにわかりやすく興味がもてるような授業展開をめざして，日々努力をしている。その努力を支えるために重要なことは，いかにして生徒の学習を効果的に促進させるように働きかけ，実践していくのかということである。
　本章では，教育現場に応用される学習理論から実践につなげるための事象について学ぶ。

1節　動機づけとやる気

　イギリスに"馬を水辺に連れて行くことはたやすいが，水を飲ませることはできない"という諺(ことわざ)がある。その気のないものに対して，周りからはどうすることもできないという意味である。学校現場でも，生徒を登校させて教室に導き，着席させ，教師が誠意のこもった授業をしたとしても，生徒の成績が向上するとは限らない。このときに考慮しなければならないことは，生徒に学習するための心の準備ができているかどうかである。ここではまず，やる気の心理的メカニズムについて述べる。

1　動機づけ

　一般的に，動機づけ（モチベーション）とやる気とは同義のものとして使われているが，心理学では異なる概念として説明されている。やる気は動機づけの一部分であるが，動機づけそのものではない。生徒がやる気をもつよう接したり，教えたり，指導していくことは，教師にとって必須であるといっても過言ではない。そのため，動機づけについて正しく理解する必要がある。動機づけについて理解することは，生徒が学校で授業を受ける過程を正しく理解する一助となる。

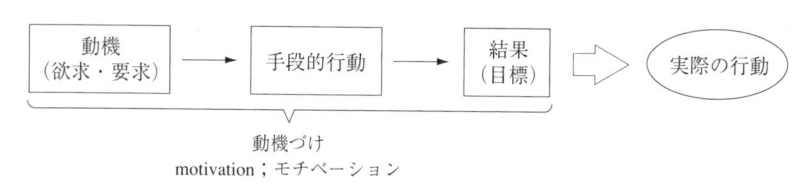

```
┌──────────┐     ┌──────────┐     ┌──────┐
│  動機    │ ──→ │ 手段的行動 │ ──→ │ 結果 │ ⇨ （実際の行動）
│(欲求・要求)│     │          │     │(目標)│
└──────────┘     └──────────┘     └──────┘
```
　　　　　　　　　　動機づけ
　　　　　　　motivation；モチベーション

図6-1　動機づけられた行動が生起されるまでの過程

　本来，動機づけは「行動の理由を考える時に用いられる大概念であり，行動を一定の方向に向けて生起させ，持続させる過程や機能の全般をさす（中島義明他編：心理学辞典）」と定義される。私たちが行動を起こす背景には，何らかの動機（欲求・要求ともいう）が存在する。動機を満たすために，どんな行動をすればよいのかを考えて行動することになる。図6-1は，その過程を示したものである。動機は，"～したい，～なりたい"という内的な変化あるいは内的な状態のことを指す。手段的行動は"こうすれば"という方法であり，そして"こうなる"という結果（目標）を見すえて実際の行動となって表面化する。動機づけとは，実際の行動に至るまでの一連の流れのことをいう。

2　内発的動機づけと外発的動機づけ

　ここで，2人の生徒AさんとBさんを想像してみよう。Aさんは，新しい知識を得ることが楽しくて勉強しており，Bさんはテストで良い点を取ると小遣いを上げてもらえるので勉強している。この場合，AさんもBさんも勉強するという行動は同じであるが，それまでの動機づけられ方に違いのあることが理解できる。
　動機づけには，内発的動機づけと外発的動機づけがある。Aさんの場合，勉強そのものを楽しみたいという動機により動機づけられている。これは，内発的動機づけにあたる。内発的動機づけには，理解したり探索したりする楽しみや喜びのほか，成功体験をするときの喜びや満足，あるいは勉強などに没頭する感覚を得るためのものなどがある。一方，Bさんの場合，小遣いという報酬に依存して動機づけられている。これは外発的動機づけにあたる。外発的動機づけには，報酬や罰といった外的規制のほかに，罪悪感や恥をかきたくないという心理的状態によって行動が生起されるものがある。
　教育現場では，内発的動機づけが重要とされている。たとえば，内発的に動

機づけられているAさんの目標は、新しい知識を得て勉強を楽しむことにあるので、学校生活が豊かになるであろうことは容易に想像しやすい。しかし、実際には外発的に動機づけられている生徒が多い。学習の初期段階では外発的動機づけによる学習効果が認められているが、学習が進むにつれて、外発的動機づけから内発的動機づけへ変化させるように指導することが望ましい。たとえば、外発的に動機づけられているBさんは、テストで良い点が取れなくても、目標達成のため一生懸命勉強に取り組んだはずである。その姿勢を褒め、今までできなかった問題が解けるようになったことや、その面白さに気づかせたり、興味・関心をもたせるように指導していくことで、内発的動機づけへのアプローチが可能になる。

　また、内発的に動機づけられている生徒に対して、必要以上に外的な報酬を用いて指導すると、生徒の内発的動機づけを低下させることが知られている。これを過剰正当化効果という。このとき、生徒は自発的に行っていたことを"やらされている"と感じるようになり、目標を見失って動機づけが崩壊し、無気力状態になることもある。教師は、過剰正当化効果を招かないようにするために、指導が生徒のなかでどのように動機づけられていく可能性があるのかを考え、適切に指導していかなければならない。

3　達成動機

　一般的に、やる気はマレーによって提唱された達成動機のことを指す。達成動機とは、すぐれた目標を設定し、それをなし遂げようとする動機のことである。達成動機にかかわる基本的な欲求として、自分や他者が設定した目標を自らの力で達成したい、他者だけでなく自分に打ち勝ちたい、困難を克服して自分の能力を向上し自尊心を高めたい、などがあげられる。達成動機の強い人は、自分の責任において結果が決定される状況を好み、適切な目標を設定し、その目標を速やかに遂行し、具体的な成果を知ることを望む傾向がある。

　ここで、Cさんという生徒を想像してみよう。Cさんは昨年まで成績優秀であったが、受験生になった今年から、授業中にいつも居眠りばかりしており、成績も下がってきた。先生からは「きちんとまじめに勉強すれば志望校へ入れる実力がある」とはっぱをかけられるが、まったくやる気がみられない。

表6-1　達成行動と原因帰属（ワイナーによる）

達成動機	成功したとき	失敗したとき
強い人	自分の能力	努力不足
弱い人	課題が易しかった	自分の能力

　アトキンソンは，達成行動に達成目標への接近傾向と失敗回避傾向の2面性があることを指摘している。達成目標への接近傾向は，困難であっても成功したいという目標に向かって挑戦し，それによって自尊感情を維持し，また高めようとする動機（成功獲得欲求）によって動機づけられる場合のことである。
　失敗回避傾向は，失敗によって面目を失う恐れ，失敗を回避することによって自尊感情を保とうとする動機（失敗回避欲求）によるものである。失敗回避欲求より成功獲得欲求が強いとき，表面化する行動は積極的になり，やる気があるようにみえる。反対に，成功獲得欲求より失敗回避欲求が強い場合，行動は消極的になり，やる気がないようにみえる。
　先のCさんは，学校に来て机に座っているのだからやる気がないわけではなく，失敗回避欲求によって動機づけられている可能性がある。つまり，まじめに勉強しても受験に失敗してしまうことへの防衛機制が働いていると考えられる。この場合，失敗への不安を解消していくようなアプローチが必要となる。
　ワイナーは，原因帰属の研究から，達成行動と成功・失敗の帰属について述べている。原因帰属とは，さまざまな出来事に対して，その原因がどこにあるのかを推定することである。表6-1のように，達成動機の強い人と弱い人では，成功・失敗の原因帰属が異なる。達成動機が強い人は，成功したときは自分に能力があったと解釈し，失敗したときは努力不足と解釈する。達成動機が弱い人は，成功したときはたまたま課題が簡単だったと解釈し，失敗したときは自分の能力不足であったと解釈するのである。
　現場では，この考え方に沿って達成動機を強める試みがなされている。原因の帰属は，課題の難易度に求めるより，その人の能力・努力に求めることが好ましい。しかし，失敗したときに，その原因を自分の努力不足とするのか能力不足とするのかによって，次の目標に対する姿勢が変わる。努力不足に帰属した場合には"もう少し努力すれば成功するはずだから，がんばってみよう"と

前向きな姿勢になるが，能力不足に帰属した場合は"どうせ自分には能力がないから，努力しても仕方がない"と，うしろ向きになってしまう。

目標に対して後ろ向きになることを防ぎ，前向きな姿勢をもつようにするために，失敗の原因を能力不足に帰属しているならば，努力不足へ変化させることが重要である。そのような働きかけをすることで，生徒の達成動機を高めること，つまりやる気を出すような指導ができる。

2節　学習指導法

学校の授業は，教える側の教師と学習者である生徒との相互関係により展開されており，この過程のことを教授＝学習過程とよんでいる。教授＝学習過程における学習の方法は，いくつかに分類される。

1　発見学習

ブルーナーによって提唱された発見学習は，教師から最終的な答えを教えられず，生徒が自分の力で結論を導き出していく学習法である。この学習法は探究心が養われ（探究的態度の形成），目標に到達するまでの手段・方法の発見（問題解決）に役立ち，内発的動機づけを促進させるなどの効果が期待できる。

板倉聖宣が提唱した仮説実験授業は，発見学習の具体的な授業法として知られている。仮説実験授業は，科学とはどのようなものかを体験させるために考案されたもので，理科の授業でしばしば用いられている。ある事象に疑問をもち，それを明らかにしようという意識が働いたとき，"たぶん○○だろう"といった予想や予測（仮説）がともなう。実際にその予想や予測を調べ，検証（実験）することで，生徒が科学的認識を深めるという方法である。

2　有意味受容学習（有意味学習）

発見学習と対照的に，教師が最終的な答えを教え，それを学習する方法を受容学習という。そのなかでも，生徒自身がすでにもっている知識や考え方（認知構造）に関連づけて展開するものを有意味受容学習という。これはオーズベルにより示された。学習は，機械的に覚えていく暗記学習と，学習すべき内容

と獲得した知識とを関連づけて学習していく有意味学習に分けられる。有意味受容学習における有意味学習の条件には，①潜在的に有意味な材料，②有意味な学習者の構え，の2つが満たされることが前提となる。①については，生徒の認知構造に取り入れやすい実質的な教材を用意すること，②については，生徒が自身の認知構造に教材を取り入れようとする姿勢のことを指す。

　これから学ぶ中心的内容に関連する事象を生徒が受け入れやすい事象（有意味な事象）として呈示することで，授業時間の短縮を図ることができるほか，効果的により深い学習を期待できる。

3　プログラム学習

　学習の進み具合には個人差があり，教師はどのレベルの生徒に合わせて授業を進めていくのかを決断することに悩む。この個人差に対応できる方式に，スキナーによって考案されたプログラム学習がある。プログラム学習は，学習目標を達成するために系統的に進められる個別学習法であり，ティーチング・マシンとよばれる教育機器を用いて行われてきた。基本的には以下の原則に沿って行われる。

　a　スモール・ステップの原理　最終的な目標に至るまでの段階を細かく分け，難易度の低いところから出発して最終的に目標に到達することである（図6-2）。このとき，生徒が失敗しないように段階を設定することが重要である。成功したという体験（成功体験）を重ねることで，目標に対して高い水準で動機づけを維持できる。

　b　即時確認の原理　生徒に課題結果をすぐに伝える（フィードバックする）ことである。これにより効果的に学習が促進される。もし，結果（正誤）を伝えるまでに時間がかかると，間違ったことを覚えてしまうなど，不適切な学習になることがある。

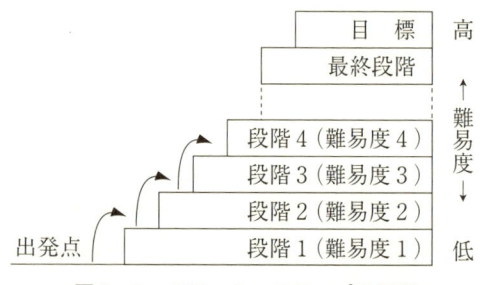

図6-2　スモール・ステップの原理
※この方法は，教育場面に限らずビジネス，スポーツなどさまざまな場面で，目標を設定する際の方法として取り入れられている。

c　**積極的反応の原理**　生徒自身が自発的に反応することで，効果的な学習が促進される。
　d　**自己速度の原理（マイペースの原理）**　生徒が自分の能力に応じた最適なペースを設定することで，効果的に学習できる。
　e　**学習者検証の原理**　生徒の学習結果によって，学習プログラムを変更することである。今，実際に行っている課題は適切な難易度であるのかなどを確認し，もし不適切であれば修正が必要となる。
　f　**フェーディング**　学習の初期の段階では，生徒に誤りを生じさせないためにいくつかヒント（手がかり刺激）を与える方法があり，これをキューイングという。フェーディングはこれと逆の方法で，学習が進むにつれ手がかりを少しずつ減らし，最後には手がかりをなくすという方法である。
　スキナーが考案したプログラム学習は，直線型プログラムともよばれる。学習開始から目標達成までの過程を直線的なものとして捉え，全員が同じコースをたどることが特徴である。これに対して，それぞれの特性や反応に応じて異なるコースをたどる方法が，クラウダーによって提唱された枝分かれ型プログラム（分枝型プログラム，クラウダー型プログラム，複線型プログラム）である。枝分かれ型プログラムは，コンピュータのプログラミング技法から考案されていることもあり，直線型プログラムのような厳密な学習の基礎理論はない。

4　グループ学習

　授業は，基本的に教師対クラス全員という形態で行われる。これに対して，クラスがグループ・班の小集団に分かれて学習する形態をグループ学習という。これは共同学習，小集団学習などともよばれ，グループ内での学習の生産性を向上させ，協調性を養うことを目的とする。グループ学習の中にバズ学習も入る。この学習法は小集団授業として効果があり，よく用いられるため，同じものとして呼称されることがある。バズ学習のバズは"buzz"からきており，小集団で生徒が討議を始めると，蜂や機械がブンブンとうなる音に似ているところからこの名がついた。バズ学習は，基本的に1班6名程度の小集団で6分間意見交換し，その結果をクラス内で発表・討議する方法である。これをバズセッションという。

その他，効果を上げているものにジグゾー学習がある。ジグゾー学習とは，ジグゾーパズルを組み立てるような方法からこの名がついており，1つの教材をいくつかの部分に分け，担当した部分を各グループで討議したり調べたりして，最終的にクラス全体で仕上げる形態である。ジグゾー学習は，他のグループとの意見の衝突がなく，グループ間で協力し合って進められるということが特徴である。

また，グループ学習ではブレーン・ストーミングが行われることがある。ブレーン・ストーミングは，オズボーンにより考案された発想法のことで，司会（議長）と10名程度のメンバーでミーティングを行い，集団で考えることにより創造的なアイディアを引き出すというものである。このときのルールとして，①メンバーのアイディアを評価・批判しない，②しきたりや固定概念にとらわれない自由なアイディアを尊重する，③アイディアの量を求める，④他人と自分のアイディアを結合し改善する，などを確認し，司会が中心となって進めていくのである。

3節　指導の背景

1　賞と罰の組み合わせによる指導

賞とは報酬のことで，特に教育的な立場で使われてきたことばである。ここでは報酬のことを賞と表現する。賞は，快に感じる褒めことばや具体的な物品

表6-2　賞罰による訓練法（梅本堯夫による）

方　法	内　容
(1) 賞訓練法	学習させたい行動がみられたときにだけ賞を与え，それ以外は何もしない。
(2) 回避訓練法	学習させたい行動がみられたときには何もせず，それ以外の行動がみられたときにはすべて罰を与える。
(3) 罰訓練法	消去させたい行動がみられたときだけ罰を与え，それ以外は何もしない。
(4) 取りやめ訓練法	消去させたい行動がみられたときには何もせず，それ以外の行動がみられたときにはすべて賞を与える。

であり，罰は不快に感じる叱責やストレスを感じる状況などである。学習する際，賞と罰の組み合わせにより効果が上がることは知られている。梅本堯夫は，賞－罰×強化したい行動（促進させたい行動）－消去したい行動（やめさせたい行動）の組み合わせによる訓練方法を説明している（表6-2）。

賞訓練法と回避訓練法は，特定の行動を学習させたいときに用いられ，罰訓練法と取りやめ訓練法は，やってはいけない行動を止めさせたいときに用いられる。なかでも現場でよく用いられている方法は，賞訓練法と罰訓練法である。このような賞罰による学習は，外発的動機づけとの関係が強く，また賞罰を適切に選択することで効果を高くすることができる。

2　行動からみた学習（応用行動分析）

スキナーは，心を行動によって直接観察することが可能であるという行動主義を唱えた。行動主義に基づき，行動の分析と修正を目的として誕生したのが応用行動分析である。

応用行動分析では，私たちの行動は先行条件（Antecedent events）－行動（Behavior）－後続状況（Consequences）の三項随伴性（図6-3）によって学習されるという基本的な理論をもつ。これらの英単語の頭文字をとり，ABC分析ともよばれる。私たちは先行する条件(A)があって行動(B)を起こし，その結果にともなう後続状況(C)によって，行動(B)が促進されるのか否かが決定されてい

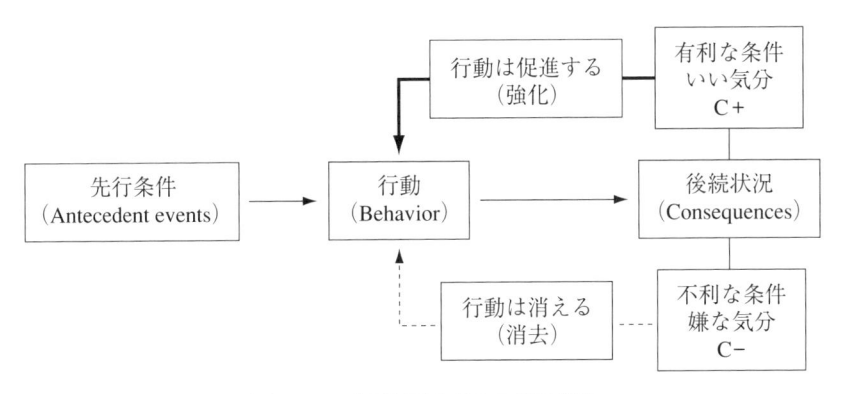

図6-3　応用行動分析の三項随伴性

くということである。例をあげると，知り合いとすれ違うとき（A），挨拶をしたところ（B），その知り合いが挨拶を返してくれるかどうかで（C），次からも挨拶をするのかどうかが決まる。知り合いが挨拶を返してくれると気分がよくなるので（C＋），次からも挨拶をするであろうし，挨拶を返してくれなければ気分が悪いので（C－），次回からは挨拶しなくなる，というものである。

応用行動分析は，大きな効果を上げることが知られている反面，付け焼刃で実施できるものではないため，専門家の指導が必要となる。しかし，生徒の行動がどのように学習されたのかを探ろうとするとき，この方法は大きなヒント与えてくれる考え方である。

3　個性を生かす指導

生徒の顔が一人ひとり違うように，生徒の個性もまたそれぞれである。個性とは，他の人と違うその人に特有の特性・性質のことである。最近の学校教育では，個性を生かした授業展開が望まれている。これまで，生徒の個性と指導法との間には「相性が良い」「相性が悪い」という関係があると仮定して研究が行われ，導き出された考え方のひとつが適性処遇交互作用である。

適性処遇交互作用の考え方は，図6－4に示したとおりである。適性とは生徒の特性（個性），処遇とは指導法のことである。適性の高い生徒には処遇A

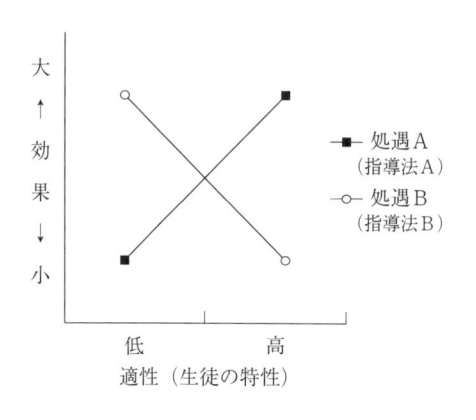

図6-4　適性処遇交互作用が認められるとき

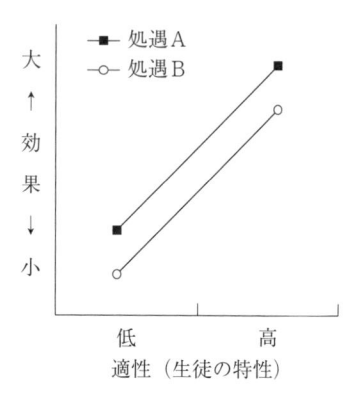

図6-5　適性処遇交互作用が認められなかったとき

の方が効果は大きく，反対に処遇Bでは小さいが，適性の低い生徒には処遇Bの方が効果は大きく，反対に処遇Aでは小さいことを示し，図上で直線が交差（交互作用）している。たとえば，英語を教えるとき，言語に関わる能力が高い生徒には，文法に沿って読解させていく方法が効果的であるのに対し，言語に関わる能力が低い生徒には，コミュニケーションを中心とした方法が効果的であるということはよく知られている。この場合，横軸の適性が言語に関わる能力（つまり個性）で，縦軸が指導法の効果である。図上の■で結ばれた直線が文法に沿って読解するという指導法，○で結ばれた線がコミュニケーションを中心とした指導法である。

しかし，指導法を変えると必ずしも適性処遇交互作用がみられるとは限らない。図6-5のように，直線が交差しておらず交互作用が認められないこともある。これは，常に処遇Aが優れた指導法であることを意味している。

個性を生かす指導法は，教師の経験によるところが多い。教師は，生徒を常に観察し指導法を研究していくことで，適性処遇交互作用を利用した個性を生かす指導法が可能となる。

4　生徒に与える教師の影響力

学校のクラスには，たとえば1組には1組らしさがあり，2組には2組らしさがあるというように，そのクラスに特徴があることは誰でも気づいたことがあるだろう。また，その特徴は担任教師の個性が反映されているように感じた人もいるだろう。学校という場では，教師は自分が気づかないうちに生徒にさまざまな面で影響を及ぼしている。

人が他者に対して期待をもつと，その期待どおりになっていくことがある。これをピグマリオン効果という。ピグマリオンとはギリシャ神話に出てくる彫像の名前で，その像がやがて人間になっていくという逸話である。ピグマリオン効果は，教師の期待効果，あるいは提唱者の名をとってローゼンタール効果ともよばれている。ローゼンタールたちは，学校現場において教師が生徒に期待すると，期待された生徒の成績が伸びたということを実験的に証明した。実際の指導場面で，ヒントを与えたり，生徒がわからないときには説明方法を変えたり，生徒が回答するまで待つという行動がみられたという。この結果は，

教師が生徒に期待すると熱心に指導するようになることを示している。生徒の学習を促進させるためには，まず教師は生徒に期待することが重要であろう。

一方で，生徒の一側面だけをみて評価した場合，それを生徒の全体的な評価にまで広げてしまうことがある。たとえば，成績の良い生徒には性格面でも日常生活においてもすべて肯定的に評価し，反対に成績の悪い生徒をすべての面で問題があるかのようにみてしまうことがある。これを，ハロー効果（光背効果）という。教師は生徒に期待することが重要であると述べたが，その際に，生徒に対する見方が，ハロー効果によって歪んでしまう可能性があることに注意しなければならない。

5　協力と競争

人は集団・社会の中で互いに影響を与え合っており，相互依存関係にあるといえる。個人が自分の利益のため行った行為が，同時に他者に利益をもたらす場合と，反対に他者の利益を損なう場合とがある。ドイッチュは，前者のことを協力的事態，後者のことを競争的事態とよんだ。この2つの事態は学校でも認められる。たとえば，ある生徒が自分の成績向上のためにまじめに取り組んでいたとき，「あいつがまじめにやっているから，自分もまじめにやってみよう」という場合と「なんだ，まじめぶりやがって，絶対あいつみたいにまじめにやらないぞ」という場合とがある。生徒のまじめな姿は，教育上その生徒自身の利益になるので，前者の場合は協力的事態，後者の場合は競争的事態となる。教育現場では，上記のような協力的事態の出現が望ましい。

教師は，生徒一人ひとりの成績を上げたいと願い指導にあたっているが，成績は点数や順位などのように，必ず数字の形をとって評価される。成績は少しでも良くありたいし，下がると不本意に思うのは常である。一見すると学校は生徒間で成績を争わせているようにみえる。しかし，集団の中で順列をつけられてしまうことは，たとえば賃金報酬（給与），役職，身分など社会の中ではよくみられることである。これは生きていくための宿命的な状況であり，争いを学ぶこともまた社会で生きていくためには必須のことである。このときに，競争的事態ではなく，協力的事態の中で学ぶことによって公正な態度が身につき，豊かな生活を営むおとなへ成長できるといえよう。

6 ゆとり教育と詰め込み教育

　ゆとり教育は正式な用語ではなく，いわゆる詰め込み教育への批判から，ゆとりの中で特色ある教育を行い，生きる力をはぐくむことを理念として，2002年度より実施された学習指導要領の通称である。ゆとり教育で新設された「総合的な学習の時間（総合学習）」は，各教科で学習した知識を結びつけて総合的に働かせることを目指したものである。この科目を有意義に使うことで，効果的な学習が期待される。小学校では3年生以上から週に3時間程度，中学校では週に2から4時間程度，高等学校では卒業までに3から6単位当てられた。その他，ゆとり教育の特徴として，学習内容・授業時間の削減，完全学校週5日制の実施，絶対評価の導入，があげられる。

　しかし，ゆとり教育の実施前から基礎学力の低下が危惧されていた。2004年に発表された国際的な学力調査であるPISA2003 (Programme for International Student Assessment 2003；生徒の学習到達度調査) とTIMSS 2003 (Trends in International Mathematics and Science Study 2003；国際数学・理科教育動向調査) では，日本の学力低下が示される結果となった。文部科学大臣は，2005年に学習指導要領の見直しを中央教育審議会（中教審）に要請し，2007年に中教審は，審議のまとめ（中間報告）を発表した。そこでは，ゆとり教育の理念と指導に対する共通理解の不足，授業時間数の減少，などに関する内容が反省点としてあげられた。

　詰め込みということばには，暗記あるいは記憶ということばを連想させるであろう。心理学には，認知心理学という分野がある。それは人の記憶や理解など高次機能に関する分野を研究対象としている。記憶は，符号化（記銘），貯蔵（保持），検索（想起）の3段階で情報処理される過程である。たとえば，りんごを記憶するとき，りんごは"赤い""私が好きな""果物"などと覚えやすい形に変え（符号化），りんごに関するその情報を覚え（貯蔵），赤い果物（つまり，りんご）が呈示されたときに覚えていることを思い出す（検索）という過程をたどる。

　この基礎理論にしたがえば，詰め込みの問題点は，符号化の時点で符号化しきれていないこと，つまり，覚えやすい形に変換できていないことが指摘できる。このことから，効果的に学習する一つの方法として，さまざまな経験や体

験によって多くの情報を得て，それらを結びつけることができる力を養うように指導することがあげられる。

　物が豊かで便利になり，さらに IT（Information Technology；情報技術）の発達とともに，現代の子どもの事情が変わってきたことはよく知られている。一方で，さまざまな体験をする機会が激減している。さらに，基礎学力の向上が求められるなかで，学校や教師はゆとりのある教育の実施に向けてどのようにアプローチするのかを熟考することが大きな課題である。

7章 パーソナリティの理解

「全く同じように生まれた人間は二人とはいないし，各人ともその天性が異なっている。そこで，ある人はある職業に，他の人は他の職業に適している」
（プラトンの『国家』より）

このプラトンのことばは，パーソナリティだけではなく，総体としての人間の個性について述べている。

この章では，パーソナリティのもつ意味や，その形成，パーソナリティの理論，そして理解の方法などについてみていくことにする。この章でいうパーソナリティは，性格と同じ意味をもつものとして理解してほしい。

1節 個性としてのパーソナリティ

1 パーソナリティと人格・性格

パーソナリティ（personality）ということばの語源は，ラテン語のペルソナ（persona）からきている。ペルソナは，古代ギリシャやローマ時代の演劇の際，俳優がかぶった仮面を指している。そして，演劇や一般社会への登場人物を表す person（人）ということばが生まれた。さらに，この person に al と，ものの性質を表す ity という接尾語をつけて「personality」ということばができ，「特徴をもった人」という意味で使われるようになった。現在，この personality は実に多くの意味をもっている。辞書をひもといてみると，①個性・性格（character），人格，人間的魅力，②名士・有名人，魅力的個性をもった人，③人間であること・人間としての存在，自我，④独特な雰囲気，物性など，さまざまである。以上のように，たくさんの意味をもつパーソナリティを理解しようとするとき，私たちは，その訳を「人格」とするか「性格」とするかについて，戸惑いを覚えた経験がないだろうか。「人格」と「性格」を辞書で引いてみると，「人格」は，①人柄・人品，②パーソナリティ，③道徳的行為の主体としての

個人。自律的意志を有し，自己決定的であるところの個人。「性格」は，①各個人に特有の，ある程度持続的な，感情・意志の面での傾向や性質。人柄，②パーソナリティ，③広く事物に特有な性質・傾向，とある。このようにしてみると，「人格」も「性格」もその意味において，大差はないように思われる。しかし，一般に私たちがこれらのことばを使用するとき，気をつけなければならないことがある。それは，「人格」には道徳的ニュアンスが含まれており，「性格」には道徳的ニュアンスは全く含まれていない，という点である。

1947（昭和22）年に制定され，約60年が経過した教育基本法は，2006（平成18）年に初めて改訂された。この新しくなった教育基本法の第1条（教育の目的）についてみてみよう。この条文は，以前の条文に比べてかなり短くなっている。新しい条文には，「教育は，人格の完成を目指し，平和で民主的な国家及び社会の形成者として必要な資質を備えた心身ともに健康な国民の育成を期して行われなければならない」とある。ここに述べている（以前の条文にも明示してあった）「人格」は，単なる個性やpersonalityについて示しているのではなく，価値ある人間を育成するための基本理念として明記しているのである。さらにいうなら，①知・徳・体の調和がとれ，生涯にわたって自己実現を目指す自立した人間，②公共の精神を尊び，国家・社会の形成に主体的に参画する国民，③わが国の伝統と文化を基盤として国際社会を生きる日本人，の育成を意図している（文科省：新しい教育基本法について）。

personalityという語は，このようにさまざまな意味を有しており，それぞれの場面に応じた訳し方を考えなければならない。しかし，近年では，personalityはそのまま「パーソナリティ」として使用することが多い。

2　面とペルソナ

哲学者である和辻哲郎は，その書『面とペルソナ』で，伎楽面と能面の違いについて説明している。「伎楽面が顔面に於ける〈人〉を積極的に強調し純粋化してゐるとすれば，能面はそれを消極的に徹底せしめたと云へるであらう……」と。和辻は，この面のもつ意味について，「己れ自身のペルソナに於て行動するのは彼が己れのなすべきことをなすのである。従って他の人のなすべきことを代理する場合には，他の人のペルソナをつとめるということになる。そうな

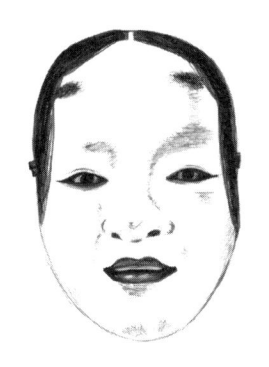

図7-1　能面と伎楽面 (イラスト：中山真澄)

ると ペルソナは行為の主体，権利の主体として，〈人格〉の意味にならざるを得ない。かくして，〈面〉が〈人格〉になったのである」と述べている。

2節　パーソナリティの形成

1　生物学的要因

〈血は水よりも濃し〉という諺(ことわざ)がある。これは元々西洋の諺であるが，「血筋は争われず，他人よりも血縁の人とのつながりの方が強い」という意味である。さらに，〈瓜(うり)の蔓(つる)に茄子(なすび)は生(な)らぬ〉という諺もある。これは，「平凡な親からは非凡な子は生れぬ。血統は争えない」という意味である。パーソナリティについて考えるとき，これらの諺は，「パーソナリティは生まれたときすでに決定していることで，早々変わりませんよ」ということになる。

生物学的要因や生理的要因は，遺伝によって決定される部分が多いので遺伝的要因ともいわれる。この遺伝の影響を明らかにする研究法として，双生児の研究がある。双生児には，一卵性双生児と二卵性双生児とがあるが，一卵性双生児は，ただ1つの受精卵から発生して生じた双生児のことで，二児は遺伝子組成が等しく同性である。二卵性双生児は，2個の卵子が別々に2個の精子によって受精し，同時に胎児となって発育したものであり，遺伝的には普通のきょうだいと同じである。もし，一卵性双生児において個体の特徴の違いが小さく，二卵性双生児においてその違いが大きい場合，その特徴は遺伝しやすいことを示している。

また，一卵性双生児が生後まもなく別々の環境で養育された場合，その個体の特徴に大きな違いが見られないとするならば，その特徴は遺伝しやすいと考えられる。

双生児研究において，身長，体重，運動能力などの生理的・身体的特徴は，心理的特徴に比べて遺伝しやすいことが報告されている。このことを端的に示す事例があるので，ここに紹介しよう。

東ドイツという国があった。ドイツは第二次世界大戦後，1949年に東西ドイツに分裂し，1990年にドイツ連邦共和国として統一され現在に至っている。この東ドイツは，オリンピックで数多くのメダルを獲得し，スポーツ王国とよばれていたが，その実態についてはベールに包まれていた。1990年のドイツ統一後，その実態が明らかにされた。その一つとして，東ドイツでは徹底したスポーツタレント発掘事業を展開していたことが明らかになった。この事業は，幼少の子どもたちはもちろんのこと，父親・母親の身体，特に骨格の計測に始まり，父親・母親のスポーツ歴，祖父母のスポーツ歴など，ありとあらゆる調査をとおして，その子どものスポーツにおける適性と将来性を推測し，後はエリート教育を徹底的におこなうというものであった。この根底を流れる思想が，素質論に根ざしていることは否定できない事実である。

2　環境的要因

〈氏より育ち〉という諺がある。これは，「氏素性のよさより子どもからおとなになる間の環境・教育が人柄に影響するところが多い」という意味である。さらに〈孟母三遷の教え〉ということばもある。これは，「孟子の母親が，最初は墓所の近くにあった住居を，次に市場の近くに，さらに学校の近くにと三度移しかえて，孟子の教育のためによい環境を得ようとはかった」という故事からきている。

パーソナリティの形成にかかわる環境的要因としては，親の職業，年齢，収入，教育歴，価値観，社会的地位などの他に，家庭の雰囲気，家族の構成，きょうだい数，出生の順序などがあげられる。さらに，成長するに従って，個人を取り巻く友人，教師などの学校環境や社会の価値観，政治状況などの社会的環境もパーソナリティ形成には欠かせない要因である。

3 性格の層理論

　図7-2は，パーソナリティ形成を層構造で説明したものである。個人は身体を基礎とし，社会の一員として存在する。社会の構成員として存在する個人に最も関わりをもつものが〈体質〉であり，〈気質〉である。これらは素質的な要因によって規定されるところが大きい。〈役割的性格〉や〈態度・習慣〉は環境的な要因によって規定される。

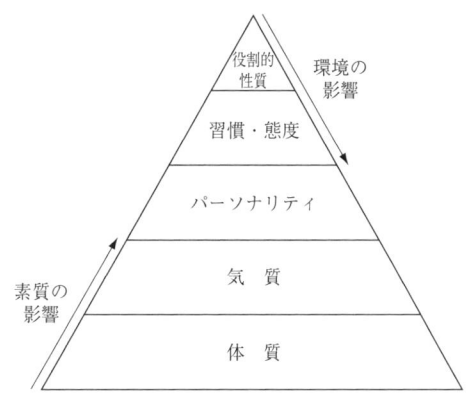

図7-2　パーソナリティの層理論（構造）

この図は，パーソナリティ形成に素質が大きく関与していることに加え，環境の影響も決して無視できない，ということを示している。〈役割的性格〉や〈態度・習慣〉については，前述の「パーソナリティの形成に関わる環境的要因」に詳しく述べている。ここでは，〈体質〉と〈気質〉について説明を加えることにする。

　〈体質〉：体質は，病気への抵抗や能率などに関係した身体的性質を全て含んでいる。つまり，身体の性質，身体の質であり，私たちは個人こじんに特有の体質をもっている。体質は，直接親から子へ，もしくは隔世遺伝（祖先にあった劣性の遺伝形質が，しばらく後の世代の子孫に現われる）的に受け継がれる。

　〈気質〉：気質は，個人の性格の基礎になっている遺伝的・生物学的な一般的感情傾向または性質のことである。

　パーソナリティの形成について考えるとき，私たちが素質論の立場に立つか，環境論の立場に立つか，その両方を肯定する立場に立つかは，ものの見方・考え方に大きく影響すると思われる。乳幼児期は別として，ある段階まで成長した子どもたちは，社会の中で生活していかなければならないとともに，環境を選択し，友人を選択して生きていかなければならない。そのとき，環境を選択させるものが何かについて考えたことはないだろうか。〈素質が環境を選ばせる〉ということばがある。このことについて，自分自身の考えをきちんともつ

ことは重要である。

　次に，一度形成されたパーソナリティを変えることは可能であるか否か，という疑問が生じるであろう。私たちは日常の生活の中で，自己のパーソナリティの好ましい，もしくは好ましくないと思われる点について気づくことがある。たとえば，とても神経質な点について，そのことが日々の生活の中で負の影響（本当は正の影響も受けているのだが）を受けることが多い場合，これを何とかしたいと考えるのはごく自然である。「神経質」のようなパーソナリティの根幹に関わるような特徴は変えることが困難である，という研究もある。このようにしてみると，一度形成されたパーソナリティは，変わりにくいのかも知れない。しかし，〈人間は態度を変えることによってパーソナリティが変化したように見える〉ことから，意識的に自己の行動に変容を加えることによって，負の影響から逃れられるかも知れない。

4　養育態度とパーソナリティ

　図7-3は，宮城音弥のまとめた「親の養育態度と子どものパーソナリティ」

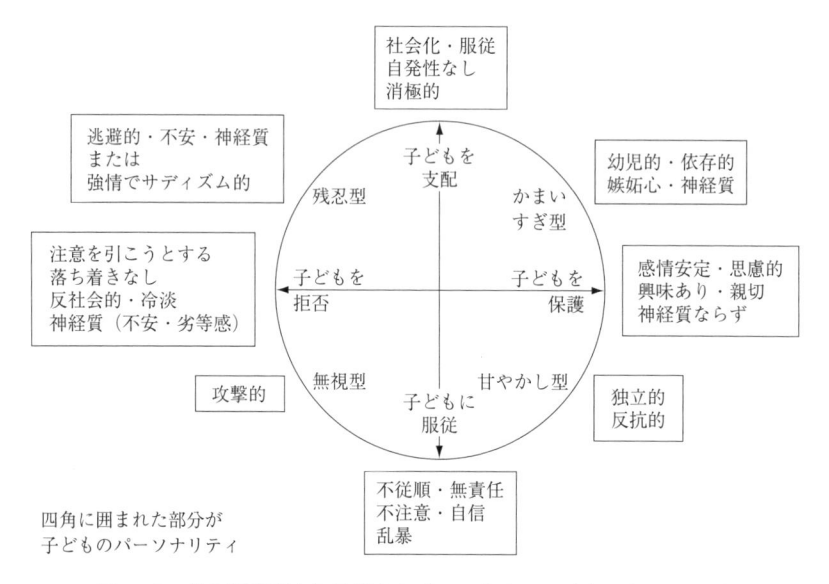

図7-3　親の養育態度と子どものパーソナリティ（宮城音弥による）

の図式である。この図では，子どもを受容するか，拒否するかを横軸にとり，子どもを支配するか，子どもに服従するかを縦軸にとっている。この横軸と縦軸との組み合わせから，子どもに対する親の養育態度を8つの型に分類し，各々の養育態度の型に対応する子どものパーソナリティを示している。

3節　パーソナリティ理論

1　類型論

「千差万別」ということばがあるが，これは，「種々様々に変わっていること」の意味である。また，「十人十色」ということばもある。これは，「人の好むところ，思うところ，なりふりなどが，一人ひとり違うこと」を指している。このことをパーソナリティという点から考えてみても，全くそのとおりとしか言いようがない。百人の人間がいたら，百種類のパーソナリティがそこにはあると考えなければならない。しかし，心理学は人間理解を目的とする学問であるので，多種多様なパーソナリティを分類・整理し，理解に努めなければならない。そこで登場するのが，「類型論」という考え方である。

類型とは，ギリシャ語のティポス（typos）からきているタイプ（type）のことをいう。つまり，類型とは，「一定種類に属する多数の個別形式を包摂する形式であり，ある特徴を共通にしている一群の事物について，その特徴を描き出して作った型」のことである。このことから，パーソナリティの類型論は，多種多様なパーソナリティを一定の原理に基づいて，いくつかの典型的なタイプに分類・整理し，これを理解しようとする理論である。類型論にはいくつかの考え方があるが，ここでは代表的なものを取り上げて説明する。

　　a　**クレッチマーの類型論**　　クレッチマーはドイツの精神医学者であるが，彼は勤務していた病院において，精神病と体型との関係に着目し研究を進めた。その結果，体型を正常人の気質に当てはめることにより生まれたのが「体型説」である。図7-4はクレッチマーの類型を示している。彼は体型を〈肥満型〉〈細長型〉〈筋骨型〉に分類し，躁うつ病は〈肥満型〉に，統合失調症は〈細長型〉に，てんかんは〈筋骨型〉に多いことを発見した。さらに彼は，健常者の気質と体型との関係に着目し，それらを〈躁うつ気質〉〈分裂気質〉〈粘着気質〉

体格	気質	気質の特徴		
肥満型	躁うつ気質	基本的特徴 社交的 親切 友情に厚い 温かみがある	軽躁性 明朗，活発 ユーモアがある 激しやすい	抑うつ性 静か 落ち着いている 丁重，柔和
細長型	分裂気質	基本的特徴 非社交的 静か，用心深い きまじめ 変わっている	敏感性 敏感，臆病 恥ずかしがり屋 神経質，興奮しやすい 自然に書籍に親しむ	鈍感性 鈍感，従順 お人好し 温和，無関心
筋骨型	粘着気質	基本的特徴 硬い 几帳面 物事に熱中する 秩序を好む	粘着性 丁寧すぎるほど丁寧 いんぎん まわりくどい	爆発性 興奮すると夢中になる 激しやすい

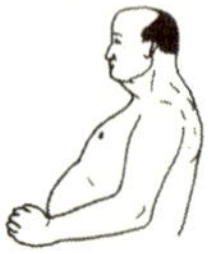

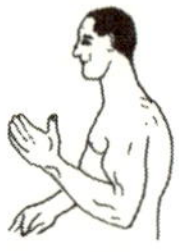

図7-4　クレッチマーの類型

表7-1　シェルドンの3気質の特徴

体格	気質の特徴
内胚葉型	社交的，会食好き，反応が鈍く，困ったときに人を求める
外胚葉型	非社交的，人間嫌い，心配性，困ったときに孤独を求める
中胚葉型	精力的，冒険好き，支配的，困ったときに活動を求める

表7-2　シュプランガーの類型

理論型	物事を客観的に扱い，真理を追求する人
経済型	お金や財産本位の人で，物事を経済的・功利的な視点からみる人
審美型	芸術的な美に最高の価値をおく人
権力型	他人を支配し，権力を求める政治的な人
宗教型	神への奉仕に価値をおき，宗教的信仰に生きる人
社会型	愛他的に行動し，福祉活動に生きがいを感じる人

と名づけた。

　b　シェルドンの類型論　シェルドンは，身体各部の測定から体格を〈内胚葉型〉〈外胚葉型〉〈中胚葉型〉の3つに分類した。クレッチマーの分類に重ね合わせると，〈内胚葉型〉は〈肥満型〉に，〈外胚葉型〉は〈細長型〉に，〈中胚葉型〉は〈筋骨型〉に該当する。シェルドンがまとめた気質の特徴は，表7-1のとおりである。

　c　ユングの類型論　ユングは，外向型，内向型の2つのパーソナリティ類型を考えた。外向型は，外界に関心をもち，社交的で考えるより行動することを好み，陽気であまり劣等感をもたない。情緒的表出は活発で決断が速く，統率力があり，積極的である。内向型は，自分自身にだけ関心を集中させ，外界に対しては無関心であり，何事に対しても控えめで思慮深い。また，行動する前に迷ってしまうので，行動が遅くなるという傾向が認められる。

　d　シュプランガーの類型論　シュプランガーは，生活様式による6つの類型（理論型，経済型，審美型，権力型，宗教型，社会型）を考えた。シュプランガーがまとめた類型は，表7-2のとおりである。

2　特性論

　特性論は，パーソナリティを構成する要素を数量的に把握し，個人のパーソナリティを理解，表現しようとするものである。人間のパーソナリティについて，「彼はまじめで律儀者であるが，堅苦しい」という場合，〈まじめ〉・〈律儀〉・〈堅苦しい〉を特性（パーソナリティ特性）とよぶ。この特性は，ある人間の実際に観察される行動様式の特徴であって，社会の平均と比べて判断していることになる。それでは，このパーソナリティ特性はどれくらい存在するのであろうか。このことについて，オルポートは約18,000語，青木孝悦は約4,000語を見つけている（これは辞書を調べることにより見つけ出された）。特性論は，近年の〈因子分析〉という手法によって急速に発展した。〈因子分析〉は，関係の強い特性，関係の弱い特性を問題とするが，前述の18,000語の中でも類似性の高いことばや類似性の低いことばを分析することにより，パーソナリティ特性の数はかなり限られたものになってくる。

　a　オルポートの特性論　オルポートは，「パーソナリティとは，個人の中

心理生物的基礎							共通のパーソナリティ特性												
体型		知能		気質		表出特性			態度特性									
									自己への志向		他者への志向				価値への志向				
均整	健康	活力	抽象的(言語的)	機械的(実際的)	幅広い情緒	強い情緒	支配	解放	持続	外向	自己客観化	自信	群居	利他主義社会化	社会的知能(機敏)	理論的	経済的	審美的	政治的	宗教的
不均整	不健康	活力小	抽象的知能低	機械的知能低	狭い情緒	弱い情緒	服従	隠遁	動揺	内向	自己欺瞞	自信喪失	孤独	利的非社会化	社会的知能低	非理論的	非経済的	非審美的	非政治的	非宗教的

図7-5　オルポートの「心誌」

表7-3　キャッテルの16根源特性とその表面特性

	源泉特性	表面特性（源泉特性の左側）
1	感情性－分離性	朗らか，社交的
2	高い知能－低い知能	聡明，思慮深い，教養のある
3	高い自我強度－低い自我強度	感情的に平静，着実，現実的
4	支配性－服従性	活気がある，自信のある，自己主張的
5	高潮性－退潮性	エネルギッシュ，陽気，ユーモラス
6	高い超自我－低い超自我	責任感がある，良心的，勤勉
7	冒険性－臆病性	冒険的，前進的，敵意のない
8	繊細性－堅牢性	気むずかしい，直感的，敏感な
9	懐疑性－信頼性	疑い深い，やきもち焼き
10	浪漫性－現実性	風変わりな，美的により好みをする
11	巧妙性－率直性	世才にたけている，うまく動く
12	罪悪感－明朗性	気づかいする，おだやかでない
13	急進性－保守性	何にでもトライする，改革的
14	自己充足性－集団依存性	依存的な弱さがない，一人でも平気
15	高い自己統合性－低い自己統合性	行き当たりばったりでない，よく統制されている
16	エルグ緊張－エルグ弛緩	リラックスしていない，緊張している

にあって，その人の特徴的な行動と考え（適応）を決定するところの，精神身体的体系の動的組織である」と定義している（星野他，1982）。オルポートは，多くの人が共通にもっているパーソナリティの特徴を〈共通特性〉，その個人に特徴的にあるパーソナリティ特徴を〈個別特性〉とよんだ。この〈共通特性〉という考えから生まれたのが「心誌」である（図7-5）。「心誌」とは，その個人がもつ実際の共通特性の量を記入し，作成したグラフという意味である。

b　キャッテルの特性論　キャッテルは，パーソナリティ特性を外部から直接観察できる特性（表面特性）と，その背後にある特性（源泉特性）とに分けた。たとえば，明朗，社交的などは，外部から観察可能な表面特性であるが，その源泉（根源ともよばれる）には「感情性」という源泉特性があると考える。彼はオルポートの抽出した18,000語の表面特性から，前述した因子分析という手法で171語の表面特性を抽出した。さらに，これらの分析から16対（32個）の源泉特性を考え，作成されたのがキャッテルの「16パーソナリティ因子質問紙表」である（表7-3）。

c　アイゼンクの特性論　アイゼンクは，キャッテルの方法で抽出されたパーソナリティの源泉特性の中に意味の不明瞭なものが多く含まれていることを指摘し，先に基準となる因子を決めた上で表面特性をまとめるという独自の因子分析を用い，パーソナリティ特性をまとめようとした。彼は，さまざまな状況に応じて起こる〈特殊的反応〉，それらがまとまって起こる〈習慣的反応〉，

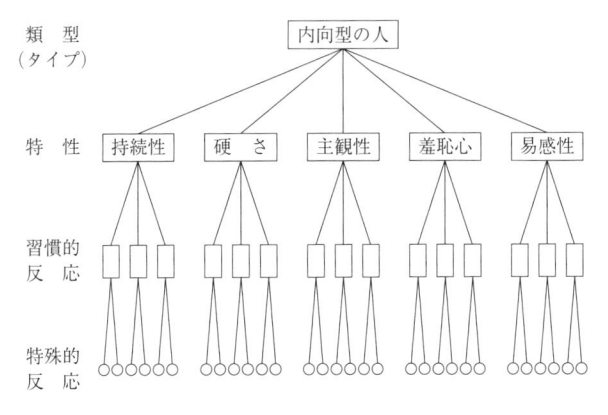

図7-6　内向型の階層構造（アイゼンクによる）

習慣的反応がまとまった〈特性〉，という階層構造を考えた。さらに，これらの特性が互いに高い相関をもって集まると〈類型〉をなすという結論にいたった。アイゼンクは，パーソナリティの基本的な次元として，〈外向－内向〉，〈神経症的傾向〉，〈精神病的傾向〉の3つの次元を設定したが，この各々が類型（タイプ）と考えられる。図7-6は内向型の例である。アイゼンクの考え方は，特性論の立場であるが，ただ単なる特性論ではなく，特性の上位概念として類型を与えているところから，類型論と特性論の統合理論といえる。

4節　パーソナリティ理解の方法

1　観察法と面接法

今まで，パーソナリティのいろいろな考え方について学んできた。それでは，各個人のパーソナリティを知るためにはどのような方法があるのだろうか。最も身近な方法に〈観察法〉と〈面接法〉がある。

a　観察法　観察とは，「物事の本当の姿を間違いなく理解し，知ろうとよく見ること」である。学校教育を例に取り上げると，教師の第一の仕事が「教科指導」であり，次が教科外指導とよばれる「学級指導」や「クラブ指導」であることはよく知られている。いずれにしても，教師は常に生徒と関わり続けるわけである。クラスにはさまざまな生徒がおり，一人ひとりの個性が教師とぶつかり合いながら学校は成立している。この生徒たちを教師がどれくらい理解し知ることができるかということは，とても重要なことである。

観察法には，自然的観察法と実験的観察法がある。自然的観察法は，操作などは一切行わないで，ありのままの姿を観察する方法である。生徒の場合，授業中の様子だけではなく，クラブ活動中や休憩中の様子，登下校時の様子などの観察から，生徒一人ひとりのありのままの姿を知り，理解することが重要である。さらに，自然的観察法には，決められた時間間隔で，対象者の行動の生起を繰り返し観察する〈時間見本法〉や，ある行動に焦点を当て，その行動の「生起した要因」・「展開した過程」を分析する〈事象見本法〉がある。もう一方の実験的観察法は，操作や統制を前提として厳密に観察をおこなう方法である。

b　面接法　面接とは，「人と人とが一定の環境にあって，直接顔を合わせ，

一定の目的をもって互いに話し合い，情報を交換したり，意志や感情を伝えたり，相談したり，問題を解決すること」である（井村・木戸，1965）。この定義の中でも，〈直接顔を合わせる〉，〈一定の目的をもって互いに話しあう〉ことが面接の特徴である。一見するとカウンセリングと類似しているように思われるが，カウンセリングの場合，「個人のもつ悩みや問題を解決する」ことが主題であり，「カウンセリングの訓練を受けた人がこれをおこなう」ことが面接と異なる点である。学校現場における面接は，主に教師と生徒，教師と保護者，教師と生徒・保護者の関係に限定されることが多い。ときには，教師がある情報を得たいために行う面接や，保護者から教師に対する質問形式の面接も存在する。いずれにしても，学校における教師の役割は，生徒の一人ひとりをきちんと理解し，把握することである。面接法の最後に，教師が面接を行うときの留意事項を4点あげておこう。それは，①教師と生徒とのラポール（心的融和な関係）の形成，②面接の目的と情報の使用方法について明らかにする（生徒に安心感を与える），③生徒の表情，しぐさ，声の調子，態度などの非言語的な表現に留意する，④無関係に思える話の中に，重要な事柄が隠されていることがあるので注意深い応答が求められる，の4点である。

2 心理テストのいろいろ

「心理テスト」は，パーソナリティを明らかにするために開発された検査というイメージが一般的であろう。しかし，心理学の世界における「心理テスト」は，知能検査や学力検査，パーソナリティ検査，適性検査などを含んだ広い概念で捉えられている。ここでは，パーソナリティ検査を主に取り上げる。パーソナリティ検査の方法は，質問紙法，作業検査法，投影法の3つに分けられる。

　a　**質問紙法**　パーソナリティの特徴について，前もって適当な質問項目を準備しておき，それに回答させる方法である。質問に対する回答は，普通「はい，いいえ」の2件法や，「どちらでもない（？）」を加えた3件法を用いることが多い。質問紙法は実施や採点が比較的容易であり，いつ誰が実施しても同じ結果が得られることから，教育現場でよく用いられる。質問紙法の代表的なものとして，120の質問項目からなる矢田部・ギルフォード性格検査（YG性格検査），550の質問項目からなるミネソタ多面的人格目録検査（MMPI），向性検

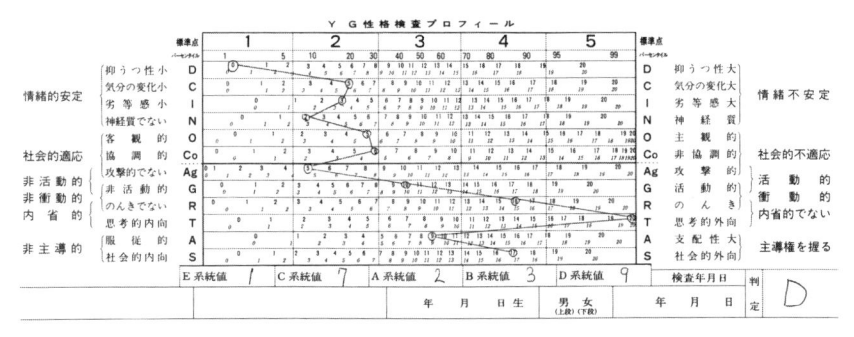

図7-7 YG性格検査のプロフィール見本

図7-8 内田クレペリン精神作業検査プロフィール

査などがある。図7-7はYG性格検査のプロフィールを示したものである。

b 作業検査法 個人にある一定の作業を行わせ，その作業の経過からパーソナリティを明らかにしようとするものである。作業検査法の代表的なものは，内田クレペリン精神作業検査（UK検査）である。図7-8のような横に並んだ一桁の数字の隣り合ったものを加算し，その一桁の数をその間に記入する。その際，できるだけ速く，間違わないように行うことが求められる。1分間の作業の後，「はい次ぎ」の合図により次の行に移る。このようにして15分間の作業後，5分間の休憩，さらに15分間の作業を行う。得られた作業曲線の型や作

業量から個人を診断する。この検査は，近年，教員採用試験，公務員試験，一般の入社試験など，多くの場所で用いられている。

c　投影法　投射法ともよばれるが，これは比較的不明瞭な絵や図，文章などに対する反応を分析することによってパーソナリティを明らかにしようとする方法である。投影法の特徴は，各々のパーソナリティの全容を生きいきと把握できるが，検査者に長い間の熟練や高い技能が求められたり，得られた結果の分析に長時間を要するという点である。投影法の代表的なものをここに紹介する。

①ロールシャッハ検査：スイスの精神医学者ロールシャッハが考案したもので，図7-9のように偶然できた左右対称の図柄に対して，どこに何が見えるかについてできる限り多く答えてもらい，その反応から内面を探ろうとするものである。

②主題統覚検査(TAT)：この検査はマレーとモルガンによって作成された。図7-10のような主題のはっきりしない図版を見せて，これから過去・現在・未来に関わる短い物語を作らせる。そして，この物語を分析し，その人の抑圧された欲求，葛藤，コンプレックス，対人関係などを明らかにしていくというものである。

③P-Fスタディ：この検査はローゼンツワイクによって考案された。図7-11のような吹き出しのことばに対して，空白の吹

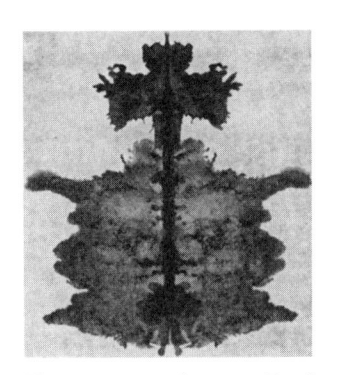

図7-9　ロールシャッハテストの図版

図7-10　マレーとモルガンのTAT図版

図7-11　P-Fスタディ(青年用)図版

き出しの中にことばを自由に記入する。記入された内容を分析することによって，その人の内面を明らかにしようとするものである。

　④文章完成法検査（SCT）：この検査は「子どものころ，私は……」とか「私の父は……」などの未完成の文章を用意し，その後に自由な文章を作成させ，その文章を分析することによりその人の内面を明らかにしていこうとするものである。

　⑤バウムテスト：この検査はコッホによって確立されたもので，樹木画法ともよばれる。実施に当たっては，Ａ4判の画用紙と柔らかい鉛筆，消しゴムを準備する。教示は，「一本の実のなる木をできるだけ十分に書いてください」である。この絵の中からその人の内面を明らかにしていこうとする検査である。

8章 知能と学力の理解

1節　知能

1　知能の考え方

　私たちが日常「あの人は頭が良い」というとき，それは「知能が高い」ことを意味する場合が多いが，実際には何をさして頭が良いとするのかは難しい問題である。それは，知能に順位をつける場合，知能を評定する基準や行動が，人によって，また同じ人でも時により異なるためである。

　心理学では，これまでに数多くの知能に関する定義が提唱されている。大きく分けると，①抽象的な思考能力として知能をみる立場，②環境への適応能力として知能をみる立場，③学習する能力として知能をみる立場，の3つに整理することができる。これら3つの立場を踏まえて，ウェクスラーは「知能とは，個人が目的的に活動し，合理的に思考し，その環境を能率的に処理する，個人の総合的または全体的能力である」と包括的に定義している。しかし，知能とは何かについては，まだ確立されていないのが現状である。

　一方，ボーリングは「知能とは知能テストにより測定された能力である」と操作的に定義している。これは，知能を抽象的に述べるのではなく，具体的な結果からその構造を明らかにしようとする立場である。

　そこで，次に知能の遺伝と環境の問題，また知能がどのような要因で構成されているかをみていこう。

2　知能の遺伝説と環境説

　知能は遺伝と環境とによって影響を受ける。知能の遺伝説として，ジェンセンは知能の人種差をとりあげ，遺伝的規定性が大きいことを指摘している。また，表8-1に示したように，同じ家系で知能がどのくらい類似しているかを調べたバートの調査では，血縁関係が強いほど知能の類似性が高くなっている。

それは一卵性双生児と二卵性双生児，他のきょうだいの相関係数から説明できる。

しかし，異なる環境で育てられた一卵性双生児や他のきょうだいの場合をみると，同じ環境で育った場合に比べて相関係数は低く，環境も知能に影響を与えていることが解釈できる。実際，スキールズは孤児院からよりよい環境に移った子どもたちの知能指数が向上したと報告しており，知能発達に及ぼす環境の影響は無視できないものとなった。

表8-1　同一家系の知能相関（バートによる）

状　況	相関係数
一卵性双生児（同じ環境）	.92
一卵性双生児（異なる環境）	.87
二卵性双生児（同性）	.55
二卵性双生児（異性）	.52
きょうだい（同じ環境）	.53
きょうだい（異なる環境）	.44

3　知能の構造

知能の本質を明らかにするためには，知能の規定因を考えるだけではなく，知能がどのような構造から成り立っているのかをとらえていくことが必要である。以下に，代表的な理論をみていこう。

a　2因子説　スピアマンは，児童に知能と関係があると思われる94種のテストを実施し，各成績の相関を調べた。その結果，知能はすべての知的機能に共通して働く一般因子（g因子）と，個々の知的活動に固有で，相互にはあまり関係のない特殊因子（s因子）からなると主張した（図8-1）。g因子は遺伝的に決定され，s因子は特殊的な学習と経験によって決定されるものである。

b　多因子説　サーストンは，大学生に57種の知能検査を実施し，最終的に7つの因子を見出した。しかし，すべての知的活動に共通するような一般因子を得ることは

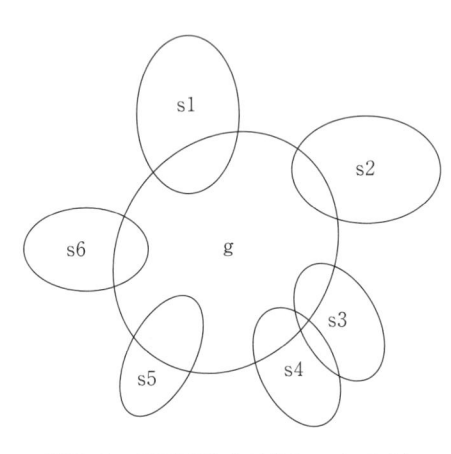

図8-1　2因子説（スピアマンによる）

できず，いくつかの特殊因子（s因子）に共通な因子（c因子）の存在を発見した（図8-2）。これが多因子説である。

c 知能構造モデル

ギルフォードは，知能を情報処理能力と考え，①どのような心的操作が情報に加えられるか（操作），②知的操作の対象となる情報の素材や内容（種類），③知的操作によってどのような情報が伝達されるか（所産），の3つの次元に分類した。

さらに，それらの組み合わせから理論的に因子が特定できるものと考え，図8-3のような立体構造モデルを考えた。この図の120個（4×5×6）のブロックは知能因子にあたる。現在，因子の確認が進められている。今後，未確定の知能因子が発見される可能性がある点や，拡散的思考を取り上げた点が評価されている。なお，表8-2は各カテゴリーの定義をまとめたものである。

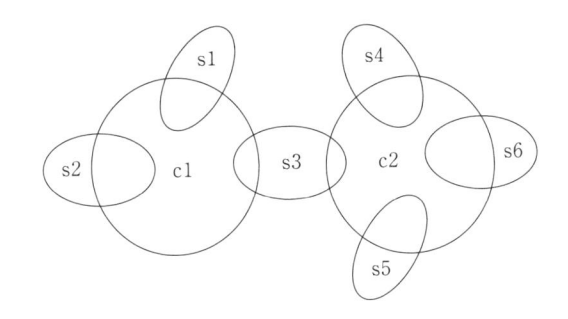

図8-2 多因子説 （サーストンによる）

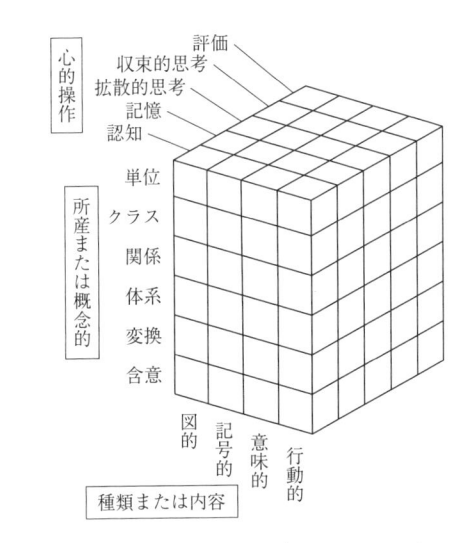

図8-3 ギルフォードの立体構造モデル
（ギルフォードによる）

表8-2　ギルフォードの知能構造モデルの次元（金城辰夫編より抜粋）

次元	類別	定義
情報の処理	図的情報	色・形・音色など、像として知覚され想起される、具体的形状をなした情報。
	記号的意味	文字・数字・音符など、要素的素材によってもたらされる情報。
	意味的情報	単語の意味を通じて伝えられ、言語的伝達や言語的思考で用いられる情報。
	行動的情報	表情・仕草など、それを通じて人間の注意・感情・意図などが知られる情報。
情報の所産	単位	それ自体1つのまとまりを有したもの、そのもの。
	クラス（類）	いくつかのものの中から共通性が見いだされ、抽象されてできるもの。
	関係	もの同士の間にある種々の関係が類推されてできるもの。
	体系	情報項目の組織化され、構造化された集まりによって示唆されるもの。
	変換	ある情報内容が、1つの状態から他の状態に変わるときの変化・変更・修正。
	含意	ある情報内容が暗に示唆し、予想させ、期待させるもの。
情報への操作	認知	情報の各所産を探し出して、それと認め、理解すること。
	記憶	各種情報をそのままのかたちか、別の手がかりと結びつけて保持し、貯めておくこと。
	拡散的思考	与えられた情報から新しい情報を生み出すことで、思考の流暢性・柔軟性とかかわる。
	収束的思考	与えられた情報から理論的な道筋にしたがって必然の結論を導き出すこと。
	評価	情報の内容を、基準や他の情報と比較により、妥当か矛盾ないかを判断すること。

2節　知能測定の歴史

　個人の知能水準、または知能の発達程度を測定する検査を知能検査という。19世紀後半からゴールトンやキャッテルらによって、知能を客観的に測定しようとする試みが行われてきた。ここでは、知能検査を個別式知能検査と集団式知能検査とに分けて取り上げる。

1　個別式知能検査

a　ビネー式知能検査　現在の知能検査の原型は，1905年にフランス政府の依頼により，ビネーがシモンと協力して作成したものである。これは，義務教育上問題となる子どもを早期に発見する目的で考案された。検査は当初，難易度の異なる30問から構成されていたが，1911年の改訂で3歳から成人まで測定可能な54問となり，世界各国に広まった。その後，1916年にアメリカのターマンが標準化を行い，スタンフォード改訂ビネー・シモン知能尺度を作成するにいたり，急速に知能検査が注目されることになった。

ビネー式知能検査は，ある年齢集団の4分の3（75%）の人が正答できる課題を，その年齢の問題とした。そのため，知能発達上の年齢と，暦の上での年齢とが区別されることとなった。前者が精神年齢（MA），後者が生活年齢（CA）である。

知能発達の程度を生活年齢と精神年齢との差のみで示す場合，年齢の低い子どもと成人とでは知能の伸び方に差があるということを考慮できない。そこで，知能発達の程度をより正確に知るために用いられるのが知能指数（IQ）である。IQは次の式によって算出される。

$$\text{知能指数（IQ）} = \frac{\text{精神年齢（MA）}}{\text{生活年齢（CA）}} \times 100$$

知能偏差値（ISS）は，同一年齢集団内で，個人の相対的位置を示す場合に用いられる。知能偏差値の特徴として，①50を中心として，数値が上に行くほど知能が高いことを表す，②母集団の結果にばらつきが多い年齢層と，ばらつきが少ない年齢層の両方で正確な表示ができる，③学力と比較しやすい，などがあげられる。知能偏差値は，次の式によって算出される。

$$\text{知能偏差値（ISS）} = \frac{10 \times \text{（個人の得点－集団の平均点）}}{\text{集団の標準偏差}} + 50$$

ビネー式知能検査の日本版として，鈴木治太郎が1916年版に基づいて鈴木ビネー知能検査，田中寛一が1937年版に基づいて田中ビネー知能検査を作成している。田中ビネー知能検査は2003年に改訂され，①14歳以上の偏差知能指数の

表8-3 ビネー式検査とウェクスラー式検査の比較（昇地三郎監修より抜粋）

比較項目	ビネー式知能検査	ウェクスラー式知能検査
目的	知能の遅れや進みの程度を測定。	知能構造や因子別知能を測定。
適用年齢	2歳から成人まで同一検査で実施でき，田中ビネーでは14歳以上が成人用となる。	WPPSI（幼児用，3歳10カ月〜WISC（児童用，5歳〜16歳11ヶ月）WAIS（成人用，16歳〜89歳）
問題構成	各年齢別に問題が用意されており，田中ビネーでは発達チェック11項目，1歳級に各6問，成人に13問（下位検査）を配当。	対象者の年齢に応じた検査を選択。基本構成は言語性検査と動作性検査からなり，各下位検査は難易度順に配列。
結果の表示	精神年齢（MA），知能指数（IQ），田中ビネーでは偏差知能指数（DIQ：主として14歳以上の4領域別と総合で求める）	偏差知能指数（DIQ：言語性，動作性，全検査）

採用，②14歳以上の知能を「結晶性」「流動性」「記憶」「論理推理」の4領域別に算出，③1歳以下の乳児を対象とした発達チェックの採用，などの特徴がある。

b　ウェクスラー式知能検査　1939年，ニューヨークのベルビュー病院に勤務するウェクスラーは，診断的に知能をとらえるためのウェクスラー・ベルビュー知能尺度を考案した。その後，改訂され1955年に成人用としてWAIS，1949年に児童用のWISC，1963年に幼児用のWIPPSIを発表し，幅広い年代の知能測定が可能になった。

わが国でも，これらの検査の日本版が作成され，広く活用されている。ウェクスラー式知能検査は，①言語性IQと動作性IQ，全体のIQが算出できる，②各下位検査のプロフィールを描くことができる，③偏差知能指数を採用している，などが特徴である。表8-3は，ビネー式知能検査とウェクスラー式知能検査の違いをまとめたものである。

偏差知能指数（DIQ）とは，ある年齢集団内に属する個人の相対的位置を表す数値で，平均が100になるようにしたものである。DIQは，次の式により算出される。

$$偏差知能指数（DIQ）= \frac{15 \times （個人の得点 - その子と同一の年齢集団の平均点）}{その子と同一の年齢集団の標準偏差} + 100$$

表 8-4 知能段階と出現率

知能段階	ビネー式			ウェクスラー式		
	知能指数	知能偏差値	出現率	知能段階	知能指数	出現率
最上（最優）	141以上	75以上	0.6%	非常に優れている	130以上	2.2%
上（優）	125–140	65–74	6.1%	優れている	120–129	6.7%
中の上	109–124	55–64	24.2%	平均の上	110–119	16.1%
中	93–108	45–54	38.2%	平均	90–109	50.0%
中の下	77–92	35–44	24.2%	平均の下	80–89	16.1%
下（劣）	61–76	25–34	6.1%	境界線	70–79	6.7%
最下（最劣）	60以下	24以下	0.6%	知的障害	69以下	2.2%

　c　**その他の個別式知能検査**　グッドイナフ人物画テスト（DAM），コース立方体組合わせテスト，大脇式盲人用知能検査，言語学習能力診断検査（ITPA），K-ABC（心理・教育アセスメントバッテリー）などがある。これらの検査は，さまざまな障害をかかえた児童たちの知能測定のため広く活用されている。

2　集団式知能検査

　第一次世界大戦（1914～1918）に伴い，アメリカでは能力に応じて兵士を配置するために，大規模な集団式の知能検査が必要になった。そこで，ヤーキーズによりアメリカ陸軍式検査が開発された。この検査には英語による α 式と，図形，記号，数字を使用する β 式とがあった。この言語と非言語によるテストは現在の集団式知能検査に引き継がれ，α 式はA式，β 式はB式になり，複合されたものがAB式になっている。

　集団式は，①限られた時間で多数の人を検査できる，②検査方法が簡便である，といった利点がある。その反面，①指示の不徹底，②検査者の訓練不足などがある場合，信頼性が低下するおそれがある。

3　知能段階の区分

　表8-4は，知能を7段階に分けて表したものである。これは詳細な結果を提示しない場合などに使用され，ひとつの目安となる。前述の通り，知能指数（IQ）は100を中心として，85～115に約68%，70～130に約95%の人が含まれる。

ビネー式の標準偏差は16のため，68以下と132以上が異常値となり，ウェクスラー式の標準偏差は15のため，70以下と130以上が異常値となる。

4　知能検査の利用

　知能検査は，児童や生徒の理解に役立つものであるが，人間のすべての知的側面を測定しているものではなく，一部の特徴しか測定していないという認識をもって活用しなければならない。

　また，検査を受けるとき，その日の体調や実施する環境などが影響することもあるので，留意する必要がある。

　以上のことに十分注意した上で，学級の水準を知るためや，知能と学業成績との間にズレがある子どもを発見し，その指導のための資料にすることなどにも利用できる。

3節　学力

1　学力の考え方

　学力ということばを定義することは困難であり，欧米にもそのまま当てはまる語はない。一般に学力には，①課題や科目を学習し，その結果として獲得された能力（学業成績），②課題や科目を学習する能力（将来的な可能性），の2つの側面を有している。

　つまり，各教科別の教育内容と，子どもたちがその内容に取り組むときに示す行動という2つの側面が統一されたものである。2002年，文部科学省は学力について，「確かな学力の向上のための2002アピール『学びのすすめ』」のなかで「確かな学力」ということばを用いている。その内容は「知識や技能はもちろんのこと，これに加えて，学ぶ意欲や自分で課題を見付け，自ら学び，主体的に判断し，行動し，よりよく問題解決する資質や能力等まで含めたもの」というものである（図8-4）。

2　学力モデル

　学力モデルは，教師が授業を行うときに想定した望ましい学力像である。指

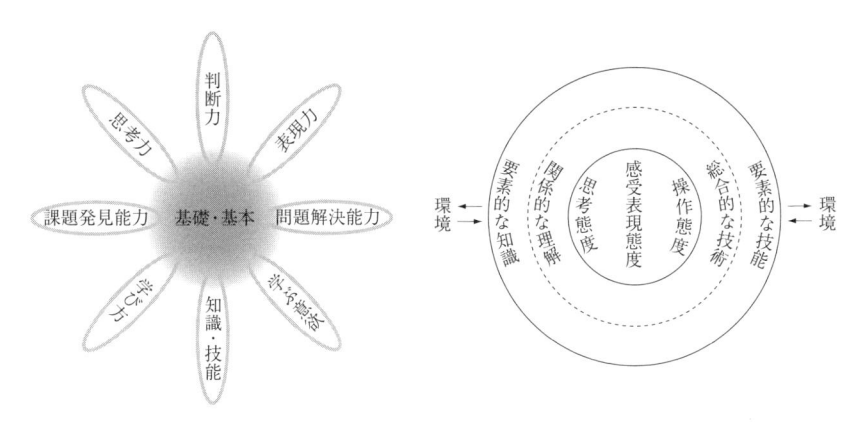

8章　知能と学力の理解　113

図8-4　確かな学力（文部科学省）

基礎・基本／判断力／思考力／表現力／課題発見能力／問題解決能力／学び方／知識・技能／学ぶ意欲

図8-5　学力の三層構造（広岡亮蔵による）

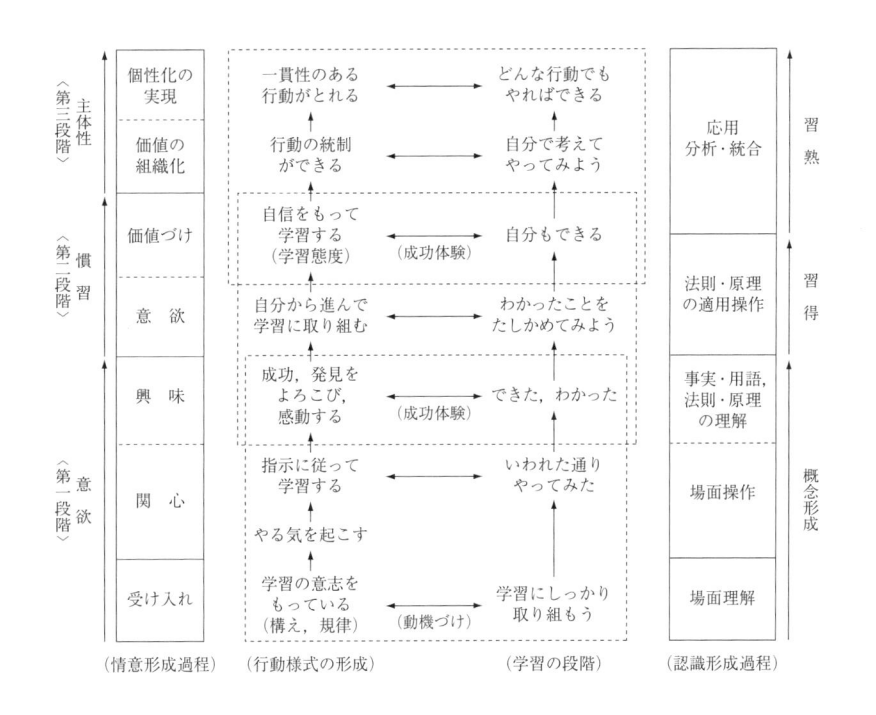

環境 ← 要素的な知識／関係的な理解／感受表現態度／操作態度／思考態度／総合的な技術／要素的な技能 → 環境

図8-6　並行説モデル

表8-5　ブルーム・タキソノミー（教育目標の分類学）の主要な次元

認知的領域（1956）	情意的領域（1964）	精神運動的領域（1969）
1　知　識	1　受け入れ	1　模　倣
2　理　解	2　反　応	2　巧妙化
3　応　用	3　価値づけ	3　精密化
4　分　析	4　組織化	4　文節化
5　総　合	5　個性化	5　自然化
6　評　価		

導要録の4観点はひとつの学力モデルであるが，はじめてこのモデルを提示したのは広岡亮蔵である（図8-5）。これは，教師がもつ学力に対する考え方を適切に表現しているが，学習がうまくいかない場合，子どもにその責任が向けられるおそれがある。この問題を解決するモデルとして，「段階説」と「並行説」とがある。

　段階説は中内敏夫が提唱したもので，学びにより人格的価値が形成されない場合は，教育内容と指導法の問題となる。一方，並行説（図8-6）はブルーム・タキソノミー（教育目標の分類学：表8-5）を参考に提唱されたもので，認知と情意とが密接に結びついていることを示し，両者が相互に深め合うことをあらわしたモデルである。

3　学力の測定

　学力を測定，評価する方法として学力検査があげられる。これにより，学習の達成度や成就度を把握することができる。表8-6に学力検査の種類，表8-7に学力評価の方法を掲げた。全国標準学力検査は，子どもたちの学力が全国的にみて，どのくらいの水準にあるのかを確認するときに役立つ検査である。その結果の表示には，次に示す用語や式から算出される値が用いられる。

a　**教育年齢**（EA）　標準学力検査の成績を年齢換算したもの。
b　**教育指数**（EQ）　年齢に比べた学習の進度を示すもの。

$$教育指数（EQ）= \frac{教育年齢（EA）}{生活年齢（CA）} \times 100$$

表8-6 学力検査の種類（高嶋正士らによる）※一部改訂

分類の観点	検査の種類	内容
標準化の有無	教師自製の学力検査 標準学力検査	教師が自分でコピーなどを利用して印刷する学力検査で，標準学力検査と同じ形式をとることが多い。標準学力検査は文字通り「標準化」されているため全国の水準と比較することができる。
構成の内容	総合学力検査 教科別学力検査	学力検査は一般に国語学力検査，英語学力検査のように教科別に構成されている。総合学力検査はそのなかに各教科別の問題を総合的に含む。
使用の目的	概観検査 診断検査	概観的検査は，ある教科の一般的な学力水準をみるものであり，診断的検査は分析的にみるものである。学力に関するその子どもの特徴を把握することができる。
出題形式	論文体試験 客観テスト	論文体での試験を採用する学力検査が論文体試験である。客観的採点が可能なように問題形式を整えたものが客観テストである。

表8-7 学力評価の方法（田中耕治らによる）※一部抜粋

筆記による評価 （筆記試験，ワークシートなど）		パフォーマンスに基づく評価		
		パフォーマンス課題による評価		観察や対話 による評価
客観テスト式 （選択回答式）	自由記述式	完成作品評価	実演の評価 （実技試験）	プロセスに焦点 を当てる評価
○多肢選択問題 ○正誤問題 ○順序問題 ○組み合わせ問題 ○穴埋め問題 ・単語 ・句	○短答問題 ・文 ・段落 ・図表など 作問の工夫 ○知識を与えて 推論させる方法 ○作問法	○エッセイ， 小論文 ○研究レポート， 研究論文 ○絵，図表 ○芸術作品 ○実験レポート ○ビデオ，録音	○朗読 ○口頭発表 ○ディベート ○ダンス，動作 ○音楽演奏 ○運動スキル実演 ○コンピュータ 操作	○活動の観察 ○発問 ○討論 ○検討会 ○面接 ○口頭試問 ○ノート・ 日誌・日記

c **成就値**（AS）　知能との関係から学力の進度を示すもの。

$$成就値（AS）＝学力偏差値－知能偏差値（ISS）$$

d **成就指数**（AQ）　学力が知能に相応して獲得されているかどうかをみる指標。

$$成就指数（AQ）＝\frac{学力偏差値}{知能偏差値（ISS）}×100$$

e **学力偏差値**　学力検査の結果を偏差値に換算したもの。一般に偏差値という場合，これをさすことが多い。

$$学力偏差値＝\frac{10×（個人の得点－集団の平均点）}{集団の標準偏差}＋50$$

また，2007年から，「全国学力テスト」とよばれる全国学力・学習状況調査が全国の小中学校の最高学年を対象として行われることになった。これは，近年の学力低下に伴う問題により，文部科学省が復活させたものである。

4節　知能と学力との関係

1　知能と学力の相関

　知能指数は，知的な活動に共通する「頭の良さ」の存在を仮定したものであるが，知能指数と学力には表8-8のような関係が示されている。また，知的な教科の学力と言語式検査の結果との相関は0.6程度，非言語式検査では0.5程度の相関が認められている。

　しかし，技能系教科の学力と知能はほとんど相関がないことがわかっている。表からも，数学や英語などとの間には相関が認められていない。学力と高い相関を示す知能は，言語の理解，推理の因子であることも示されている。スタンバーグらは，知能の構造について「問題解決能力」「言語的能力」「社会的有能さ」の3側面をあげているが，これまでの知能検査ではほとんど扱われなかった社会的有能さについても，今後考慮していく必要があるだろう。

表8-8　知能と大学入試学力成績との関係（金城辰夫編より抜粋）

教科	平均点		相関
	高知能群	低知能群	
国語	139.5	129.0	.31**
数学	90.8	69.0	.02
社会	139.4	121.0	.19
理科	159.7	135.0	.33**
英語	137.8	122.0	.14
計	667.2	576.0	.35**

2　オーバー・アチーバーとアンダー・アチーバー

　知能と学力との関係をみるとき，知能に比べて学力が著しく高い，あるいは著しく低い子どもがいる。この差を検討するときには，成就値や成就指数が用いられる。学力を知能が顕在化したものととらえると，成就値が正の場合は学力が可能性以上に上がっており，負の場合は下がっていると考えられる。

　また，成就指数が100であれば，可能性から考えて妥当な学力を示していると考えられる。そこで，成就値が＋7を，あるいは成就指数が100を大きく上回る子どもをオーバー・アチーバーとよび，成就値が－7，または成就指数が100を大きく下回る子どもをアンダー・アチーバー（学業不振児）とよんでいる。

　ただし，成就値等を用いた場合，知能の高いものほどアンダー・アチーバー，知能が低いものほどオーバー・アチーバーとなりやすいことを考慮する必要がある。オーバー・アチーバーについては，知能検査では測定しきれない創造的能力の高さが一因ではないかという指摘もある。

3　学業不振の原因

　アンダー・アチーバーは，知能以外に学力の向上を阻む何らかの原因があると想定される。その原因として，①低い学習意欲，不安や緊張，劣等感，自信のなさなど，②何らかの障害（視覚障害や難聴など）や，知的能力の不均衡さなど，③教育に過度に干渉，あるいはまったく無関心な家庭環境など，④教師の指導上の問題などがあげられる。実際にはこれらの原因が複雑に関与しているため，関連する専門機関と密接に連携をとり，原因を早期に発見し，適切な指導を行なう必要がある。

9章 不適応行動の理解

1節　欲求と欲求不満

　登校時間になると，学校へ向かう子どもたちの姿を目にする。いつもの見なれた光景である。通学班の一員として，あるいは仲良しの友だちと一緒に登校していく姿を見るのは何ともほほえましいものである。学校へ行くことを望み，学校生活に楽しさを見出していれば問題はないかもしれないが，子どもたちの願いがいつも叶えられているとは限らない。ここで，欲求のメカニズムを理解することは，彼らの行動を理解することにつながるのである。

1　欲求とは

　私たちが行動するとき，その背後には行動を起こさせる何らかの原因が存在する。たとえば，空腹になれば食べたくなって食物をさがすだろうし，人に会いたくなれば連絡を取りあうだろう。欲求とは，行動に向かわせる内的な力であり，欲求によって引き起こされる心理的な変化が動機である。一般には，「～がしたい」「～がほしい」などと表現される。

　a　一次的欲求（生理的欲求）　生命維持に直接関係している欲求を，一次的欲求あるいは生理的欲求という。一次的とは，すべての人間に共通し，生きるために欠かすことのできない基本的なものという意味である。食物，水，排泄，睡眠，休息，危急回避などへの欲求である。人間は，生体の生命維持に関係する外的な環境が変化したとき，それに対応して，生理的なアンバランス状態を解消しようとする機能を備えている。気温が上昇すると汗をかき，気温が低下すると鳥肌をたてるなどのはたらきがよい例である。生理学者のキャノンは，このような体内の恒常機能をホメオスタシスと名づけている。

　b　二次的欲求（心理的・社会的欲求）　生命の維持や種の保存には直接関係しないが，社会生活を送るうえでの心理的安定や満足を求める欲求を，二次

的欲求あるいは心理的・社会的欲求という。空腹のために飢えを満たす行動は生理的欲求であるが，食事を共にする相手を選ぶのは心理的・社会的欲求ということになる。具体的には，社会的承認欲求，成就欲求，新経験欲求，愛情欲求，独立欲求，所属欲求，支配欲求などがこれにあたる。これらの欲求が個人のなかでうまく満たされない状態が続くと，さまざまな不適応行動や問題行動を起こしやすいと考えられる。

c　欲求の階層説　マズローは，欲求を図9-1に示すような5つの階層に分けている。図の中の下層2段が生理的欲求，上層3段が心理的・社会的欲求としてまとめられる。最下層の欲求がある程度満たされると，その上の階層へと進み，最終的に最上層の欲求へ到達していくというものである。

(1)　生理的欲求：食欲や睡眠欲など，生命維持に直結した欲求。
(2)　安全欲求：病気や苦痛，不安などから逃れ，心身ともに健康で安定した状態を保とうとする欲求。
(3)　所属・愛情欲求：集団の一員として他者との関係を確保し，人びとから愛されたい，人を愛したいという欲求。
(4)　尊敬欲求：集団から高い評価や承認，尊敬を求める欲求。
(5)　自己実現欲求：自分の能力や可能性，達成感を発揮しようとする欲求。自分の価値を最高度に実現しようとするものである。

文部科学省は，子どもたちの学習意欲や体力，気力の低下の原因が，家庭における食事や睡眠などの基本的生活習慣の乱れにも原因があるとして，2006年4月に民間主導の「早寝早起き朝ごはん」全国協議会を発足させた。子どもたちにとって望ましい基本的生活習慣の育成は，まず生理的欲求の充足を図ることである。それが毎日の生活リズムを向上させることにつながり，最終的には，学校生活で求められる学習や対人関係の安定，自己実現へ向けての取り組みなどを高めるものと考えられる。

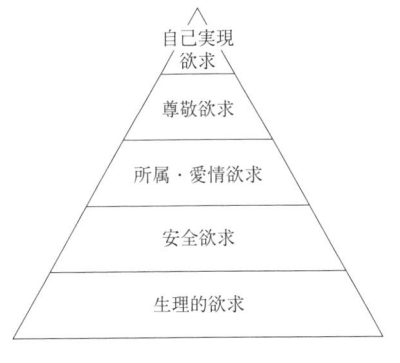

図9-1　欲求の階層（マズローによる）

2 欲求不満

　欲求が充足されると快の感情が得られ，心理的な満足感を体験する。しかし，何らかの原因が目の前に立ちふさがり欲求が満たされないと，心身が緊張し不快な感情を抱く。欲求不満（フラストレーション）とは，欲求が阻止されたときに情緒的混乱が生じ，精神的な緊張と不安定な状態が続くことである。ローゼンツワイクは，欲求不満の原因を次のように分類している。

(1)　内的欠乏：生来的な虚弱体質のため皆と一緒に行動できないなど，能力や健康の不足が原因となって目標に到達できない場合である。

(2)　内的喪失：怪我をしたのでスポーツができなくなったなど，個人がもっていた心身の条件が損傷される場合である。

(3)　内的抑制：遊びたいのを我慢して勉強に励むなど，欲求の満足を自分から禁止することである。道徳観や倫理観による抑制もここに入る。

(4)　外的欠乏：空腹になったが食物が見当たらないなど，目標となるものが存在しない場合である。

(5)　外的喪失：転校したので友だちに会えなくなったなど，今まで満足されていた欲求が何らかの事情で不満足に変化した場合である。

(6)　外的障壁：校則があるため自由に振る舞えないなど，規則や法律，社会的慣習などによって行動が禁止されてしまう場合である。

　子どもの発達過程をみると，欲求不満を起こさせる原因も年齢とともに変化していく。乳児期は，生理的欲求（授乳，睡眠など）が自分の体内リズムに合致するように満たされないと，泣くなどの行動を伴って不満を表現する。幼児期になると，基本的生活習慣を形成させるため，親はしつけの方法で子どもの行動を規制する。愛情の獲得と強い権威に従うことの両方を上手に処理できない場合，彼らは不安定になり，その後のパーソナリティに影響を与える。

　児童期は，学校生活を中心とした課題が多い。教科学習に加え，社会性の学習や性役割の獲得，友だちや学校との適応上の問題などが生じ始め，これらがさまざまな欲求阻止の原因となりやすい。青年期は，子どもとおとなとの間に位置しているため思い悩むことが多い。身体（性的成熟を含む）や性格，勉強や進路，友だち関係や親子関係など，彼らが描く満足と不満足はまさに自分との戦いである。いかに乗り越えていくのかが問われているといってよい。

3 葛藤

葛藤（コンフリクト）とは，個人が同時に2つ以上の目標（誘因）に動機づけられ，そのうちのどちらを選択したらよいかと困惑する現象をいう。レヴィンは，葛藤の基本的なパターンとして，図9-2のような3種類を取り上げた。

(1) 接近－接近葛藤：好ましい誘意性（＋）をもった2つの目標にはさまれた状態で，どちらも選択したいが，どちらか一方しか選択できない場合である。複数の魅力的な志望校に合格したが，なかなか入学する学校を決められないなどの例がある。この葛藤で最後まで選択できないことはないが，決心して一方を選ぶと，残された他方に，より一層魅力を感じることがある。

(2) 回避－回避葛藤：好ましくない誘意性（－）をもった2つの目標にはさまれた状態で，どちらも選択したくないが，どちらか一方を選択しなければならない場合である。勉強はしたくないし，親に叱られるのも嫌だなどの例がある。苦渋の選択をしなければならないので，逃避のような不適応行動に移行することもある。

(3) 接近－回避葛藤：1つの目標が，好ましい誘意性（＋）と好ましくない誘意性（－）の両方をもっている状態である。目標のプラスに近づくとマイナスの強さが気になり，マイナスを避けて距離を置くとプラスの魅力に負けてしまうので苦しむことになる。学校は好きなのに，いじめられるので行くのをためらうなどの例である。この葛藤は他の葛藤と比較して，精神衛生上，最もよくない影響を与える。

このほか，二重の接近－回避葛藤といわれるものがある。この葛藤は，接近－回避葛藤を複雑にしたもので，プラスとマイナスの誘意性をもつ目標が2つの場合である。居住地を選ぶとき，通勤には便利だが環境のよくないところと，環境は抜群だが通勤に不便なところのどちらにするかといった例である。

日常生活では，思いどおりにならないことのほうが多い。しかし，欲求不満

```
(1) 接近―接近葛藤        (2) 回避―回避葛藤        (3) 接近―回避葛藤

+O₁ ← P → +O₂           -O₁ → P ← -O₂            P ⇄ ±O
```

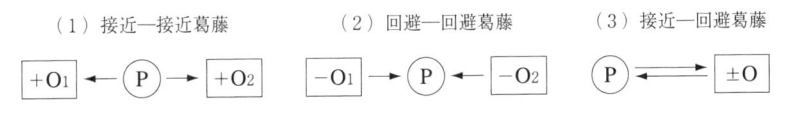

図9-2　レヴィンが取り上げた葛藤の3タイプ（Pは人間，Oは対象）

や葛藤に直面したとき，人間はいつも不適応な状態を示すわけではなく，それらを上手に対処できる能力を備えている。ローゼンツワイクは，この力を欲求不満耐性とよんだ。欲求不満耐性の高い人・低い人は，その人の発達過程と関係している。幼いころから，さまざまな欲求不満（葛藤を含める）を経験したときに，どのようにしてそれを乗り越える技法を学習してきたのかが重要なポイントになるのである。

2節　適応機制

適応とは，私たちがさまざまな不適応の現象から解放され，生き生きとした生活を営んでいくという意味で用いられる概念である。それは，個人の心理的満足感と社会的環境とが調和した関係にあり，精神的健康と情緒的安定を保ち，積極的で望ましい自己実現を求めるということである。何らかの原因で適応できないとき，個人はいろいろな面で不安定な状態を体験するのである。

1　適応機制とは

複雑な社会環境のなかにあって，私たちを取り巻く情報はきわめて多様に存在する。それに合わせて，個人の欲求もじつに多岐にわたっている。欲求が好ましい方向に充足されず欲求不満や葛藤などに陥った場合，精神的な緊張状態を体験することが多い。このようなとき，人はその成育史のなかで培われてきた忍耐力（欲求不満耐性という）を発動して乗り越えようとする。しかし，それにも限度があるため，意識的・無意識的にさまざまな心のしくみを用いて緊張状態を解消し，心の安定をはかろうとする。この緊張を解消したり軽減したりするはたらきが適応機制である。

2　適応機制の種類

適応機制には，攻撃機制，防衛機制，逃避機制，抑圧機制の4種類がある。これらはすべて自我を守るための一時的なメカニズムであり，適応機制を発動することは有効な手段ではあるが，根本的な解決方法にはならはない。

　a　**攻撃機制**　欲求不満を生じさせている対象（人間や事物）を直接攻撃し

たり破壊することで，その障壁を取り除き，一時的な安定を得ようとするものである。たとえば，言うこと聞かない相手に罵声をあびせたり，暴力をふるったりする場合がこれにあたる。P-Fスタディは，攻撃性のタイプや方向を測定する心理検査である。

　b　**防衛機制**　緊張や不安のなかにいる自我を防衛するはたらきである。防衛機制には次のようなものがある。
　(1)　合理化：欲求不満を惹き起こした本当の原因が自分にあるのに，もっともらしい理由をもち出して自分を正当化することである。試合でよい成績がでなかったとき，天気や会場のせいにするような場合である。
　(2)　代償：本来の目標が手に入らないとき，代わりの目標を手に入れて仮の満足を得ることである。代償のうちで，社会的・文化的に高次の目標に向かう場合を昇華という。
　(3)　同一視：自分が憧れている人や集団と自分とが，あたかも同じであるかのように思い込むことである。映画やテレビドラマの主人公と同じ服装や髪型にして，うきうきするような場合である。
　(4)　投射：自分のもっている好ましくない特質を他者のなかに見出して，それを非難することである。点数をひどく気にする子どもは，他の子どもが点数にこだわっていると批判してしまうような場合である。

　c　**逃避機制**　欲求不満から生じる緊張から逃避することで，その状態に直面しないようにするはたらきである。逃避機制には次のようなものがある。
　(1)　現実への逃避：目の前の課題に立ち向かう自信がないので，本来のものとは関係ない活動に集中してしまうことである。レポート作成に取りかからなければならないのに，単純作業に没頭するような場合である。
　(2)　空想への逃避：現実では獲得が困難な目標を，空想のなかで満たそうとするはたらきである。空想の世界では，生き生きとした時間を過ごせるのである。白昼夢ということばでも説明できる。
　(3)　病気への逃避：病気になることによって，困難な状況から逃れようとするはたらきである。不登校傾向の子どものなかには，学校へ行く時間になると体調が悪くなる場合がある。これを8時半の病気という。
　(4)　退行：欲求の充足を，発達の前の段階に戻ることで求めようとするはた

らきである。きょうだいが誕生すると，上の子どもが赤ちゃん返りを始め，甘えたり，ぐずったり，夜尿を繰り返したりする場合がある。

d　抑圧機制　心の安定をおびやかしたり，不安や苦痛をまねいたり，また社会的に認められないような欲求などを無意識の世界に閉じ込め，意識上に浮かばないようにしてしまうはたらきである。性的な欲求，他者への敵意や攻撃性などは抑圧されることが多い。愛情が抑圧されると憎悪や攻撃的な態度に，敵意が抑圧されると畏敬な態度となって現われたりする。このように，本来の欲求と反対の行動をとる現象を反動形成という。

　適応機制は，欲求不満や葛藤から生じる一時的な緊張状態を解消しようとするはたらきであり，いわば適応へ向けての心の安全装置といえる。そのため，人は知らず知らずのうちにさまざまな適応機制を利用し，崩れそうな自我を立て直そうとしている。人は常に心が健康でありたいと願っているので，それは日常社会への適応を求める行動であると言い換えることができる。私たちは適応機制のみに依存するのではなく，自分を取り巻く環境を調整しながら，積極的に自己実現を果たしていくようにしたいものである。

3節　不適応行動と問題行動

　現実社会に適応し，健康な心の獲得へ向かうためには，個人と社会との間に調和のとれた関係が必要である。しかし，さまざまな理由から，個人の欲求が充足されなかったり，個人と社会との調和関係が崩れてしまった場合，最終的に不適応といわれる各種の行動が生じる（図9-3）。

1　不適応行動とは何か

　不適応の要因は，個人の内面だけでなく，個人と社会すなわちその個人とかかわる生活環境との相互関係のなかで生起する。それが家庭生活や学校生活，社会生活の場面で顕在化するとき，次のような行動の形となって現われやすい。

a　反社会的行動　反社会的とは，社会のしくみやルール，規範などにそむく行動と考えられる。適応機制を上手に用いることができず，たとえば，けんか，暴力，非行，犯罪などの行動をとることで，不適応な状態を回復させよう

とする短絡的な行動である。反社会的行動は，個人的な満足があっても，社会生活上で他者に迷惑を与えるものである。学校生活で起こるいじめも，不適応から派生した問題行動のひとつである。

b　非社会的行動　非社会的とは，社会生活を送るうえで他者とのコミュニケーションを上手に結ぶことができない行動と考えられる。たとえば，緘黙（かんもく），引きこもり，家出，自殺などの行動は，他者に直接的な危害を与えることは少ないが，個人の人格形成や人間関係づくりにとって課題は多い。学校生活に起因する不登校は，本人も周囲の人たちもその解決に努力するが，登校させることにエネルギーを傾注するだけでは，学校復帰への道のりは遠い。

c　神経症的行動　偏食，指しゃぶり，夜尿，チックをなどの行動は，個人の発達上の問題として理解するとよい。親子関係や心理的未成熟などを根源とする場合が多い。一方で，拒食症や過食症などの摂食障害，赤面恐怖や視線恐怖などの恐怖症，パニック障害，強迫神経症，ヒステリー，心気症などの症状は，素質と環境との相互作用によって起こる心理的な反応である。本人自身が深刻に悩むため，周囲の人たちの温かい援助が必要である。

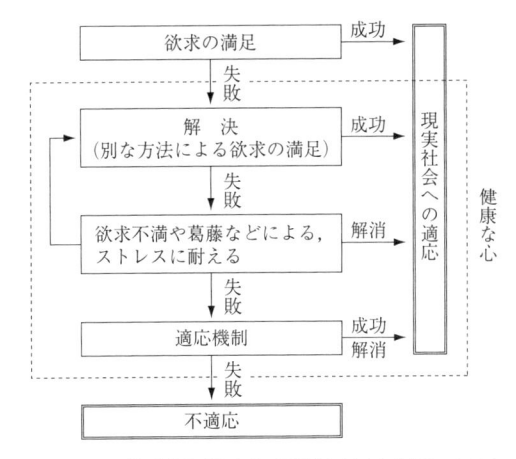

図9-3　欲求と不適応との関係（大村政男による）

2　問題行動とは何か

問題行動とは，法律や社会的慣習などのさまざまな社会的規範から逸脱した行動である。その意味で，児童生徒の不適応行動が問題化したものと考えられ，それは保護者や教師によって規定されることが多い。家庭や学校において，彼らの行動を問題行動とみなす場合，次のような指摘が参考になる。

(1)　道徳や社会的規範に反している場合。
(2)　児童生徒の行動が現実や社会的常識から判断して理解しがたい場合。

(3) 児童生徒の行動が発達的に見て，平均的なもの，通例的なものから逸脱している場合。

(4) 本人が非常に困ったり，悩んだりしている場合。

　行動は，個人の要因と環境の要因とのかかわりのなかで生まれる。レヴィンが提示した $B = f(P \cdot E)$ という公式は，ある行動が生起するためには，背景に必ず関係する状況が存在することを示している。ここで，Bは行動，Pは人間，Eは環境，f は関数のことである。この公式から理解できるように，行動は個人とその個人が認知した環境とによって決定される。さらに，個人の要因には素質的・器質的な背景が存在することもある。ここのところは注意深く見守らなければならない。また，同じような行動特徴が見られても，個人や所属集団の価値観によって受け止められ方は異なるし，個人がどの発達段階にいるかによっても同様に考えることが大切である。

　このように，問題行動を発現させる原因や背景は複雑であるため，目の前の行動を捉えていく場合に注意する必要がある。本人の心理状態を理解しようとせずに，他の子どもと比較したり，一方的な価値観や狭い人間観に基づいた見方は避けなければならない。

4節　問題行動の現状

　学校教育現場において，児童生徒に不適応行動や問題行動が表面化したとき，教師はその事実を把握するだけでなく，その原因を探ったり，適切な対応方法を検討しているはずである。学校組織がきちんと機能して速やかに対応が進む場合もあるし，初期の取り組みがうまくいかず，解決が長引いてしまう例もある。

　ここでは，反社会的な問題行動のなかから，非行といじめの問題を取り上げ，その現状を見ていくことにする。

1　非行の実態

　少年法では犯罪少年，触法少年，虞犯(ぐはん)少年を併せて「非行のある少年」と規定している。一般に社会の関心や報道の激しさは，強盗や殺人などの凶悪犯罪に集まりがちであるが，少年非行の大部分は万引きなど軽微なものである。少

年非行の行為は次のように分類できる。
(1) 犯罪行為：14歳以上20歳未満の少年による犯罪で，刑法などの刑罰法令に違反した行為をいう。
(2) 触法行為：14歳未満の少年が刑罰法令に違反した行為をいう。法令には触れるが刑事責任を問われない。
(3) 虞犯行為：20歳未満の少年で，将来犯罪を引き起こす恐れのある行為をいう。虞犯性とは，①保護者の正当な監督に服しない性癖がある，②正当な理由がなく家庭に寄り付かない，③犯罪性のある人もしくは不道徳な人と交際し，またはいかがわしい場所に出入りする，④自己または他人の徳性を害する行為をする性癖がある，などの行為を指している。

2007（平成19）年版「犯罪白書」によると，少年刑法犯検挙人員は平成18年に16万4,220人で，同検挙人員の人口比（10歳以上20歳未満の少年人口10万人当たりの検挙人員の比率）は1,321.0であった。平成18年の少年一般刑法犯検挙人員（触法少年の補導人員を含む）は，13万1,623人であった。一般刑法犯少年比は，平成10年以降の成人検挙人員の増加に伴って低下を続けている。罪名では，各年齢層とも窃盗が多く，次に横領であり，この２つで80％以上を占

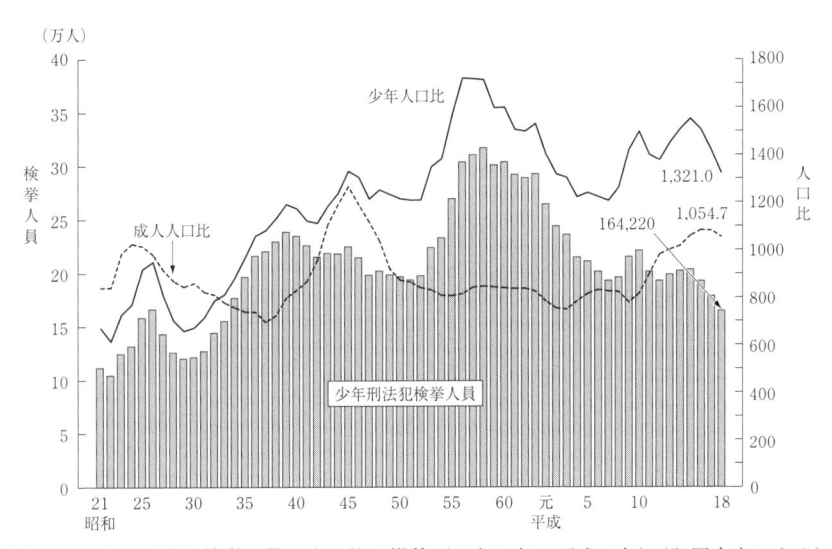

図9-4 少年刑法犯検挙人員・人口比の推移（昭和21年～平成18年）（犯罪白書による）

めている。年齢層が低いほど，窃盗の比率が高くなっている。殺人は73人，強盗は912人であった。また，触法少年の一般刑法犯補導人員は，昭和56年をピークとして減少し，平成18年は１万8,787人であった。

少年非行は，戦後の「第三のピーク」を迎えたといわれて久しい。このピークを境に減少傾向にあるが，今後の推移は不明である。少年非行の特徴は，従来に多かった「生活型非行」から，家庭内暴力，学校内暴力，性非行，薬物乱用，女子非行の増加，非行の低年齢化などに加え，行為自体にスリルを求めたり，仲間との連帯を確認する「遊び型非行」の増加である。これらに加え，今まで補導歴も学校での問題行動もなく，普通の家庭に育った普通の子どもによる「いきなり型非行」の発現も特徴的である。

非行の芽は，小さな違反の積み重ねによるところが大きい。たとえば「学校をさぼる」「夜遊びをする」「保護者に無断で友だちの家に泊まる」などの行動について保護者も学校側もきちんとした対応が大切である。さらに，最近の非行少年への処遇上の留意点として，①人の痛みに対する共感性を育てる処遇，②集団場面を活用した処遇，③保護者の自発的対応を促すはたらきかけの３点を強化する必要があるといわれている。

犯罪心理学者の安香 宏は，「子どもを非行に追いやるために」必要な家庭ならびに保護者（主として親）の役割について，次の７項目を提案している。逆説的な表現ではあるが，示唆に富んだ内容であるため紹介してみよう。

(1) 非行を恐れずに「非行少年」というレッテルを恐れること。
(2) 親は自分を無にし，子どもだけに目を向けて，子どもだけを唯一の生きがいにしていくこと。
(3) 親は何事も子どもを自分の思いどおりに動かし，子どもの存在などは無視すること。
(4) 自分の子どもよりも，育児書やよその家の子どもの育て方などに関心をもつこと。
(5) 子どもの前で，両親はお互いを非難し合い，さらには家庭の中に波風を立てていくこと。
(6) ただむやみにかわいがり，あるいはむやみに厳しくすること。
(7) 子どもを一面的に評価し，表面的に理解すること。

安香は、「子どもを非行に追いやるためには、子どもの社会化をはばむことにつきる。子どもをその時々で一個の人格として扱わず、密着し過ぎたり、離れ過ぎたり、親の一部とみなしたり、要するに子どもを軽んずることである」と述べている。非行の予防という観点からみても、大切なテーマが潜んでいる。

一方、文部科学省は学校における非行を含めた問題行動への対処の方法として、次の4項目を示している。学校側の基本的姿勢として重要な提言である。

(1) 校内の生徒指導体制を強化すること。
(2) 教育内容の研究と改善を図ること。
(3) 生徒の実態把握と指導を徹底すること。
(4) 家庭や各関係機関との連携を強化すること。

2　いじめの実態

今日、「いじめ」は特定の学校や特定の地域に起こるのではなく、全国の学校に広がり深刻な問題になっている。学校がかかえる非常に大きな課題といってよいだろう。「葬式ごっこ」とよばれたいじめ自殺事件は、いまだに記憶に残る出来事である。いじめの解決や根絶に向かって、教師は児童生徒一人ひとりの内面を理解するように努めたり、子ども同士の関係を調整したり、学校と家庭とのコミュニケーションを図ったりしながら、教師という役割の重さを体験しているはずである。

文部科学省は従来のいじめの定義を見直し、平成19年1月にその定義を拡大している。その見直しによると、いじめとは、①当該児童生徒が一定の人間関係のある者から、心理的・物理的な攻撃を受けたことにより、精神的な苦痛を感じているもの、②個々の行為がいじめに当たるか否かの判断は、表面的・形式的に行うことなく、いじめられた児童生徒の立場に立って行うものとする、③なお、起こった場所は学校の内外を問わない、という内容である。

いじめは、成長や発達の過程で見られる「けんか」とは本質的に異なるものである。それは、心理的にも次元の低い生物学的な攻撃性であり、その背後にはパーソナリティのゆがみや成育歴の問題、さらには社会的環境の要因をかかえている。いじめは、それを表面的な問題行動としてとらえるだけでなく、その背後に何が秘められているかを解明することが大切である。

図9-5は，平成17年度におけるいじめの発生状況を学年ごとに示したものである。それによると，男子・女子とも中学1年生が最も多く，男子で3,000件，女子で2,500件を超える数値である。次いで中学2年生，3年生の順に多くなっている。ただ，いじめは外からは見えにくい構造になっているため，実際にはこの数値の数倍から十数倍の発生件数であろうと予測できる。これまでに各学校で発生したいじめの態様は，次のとおりである。

　小学校：①冷やかし・からかい，②仲間はずれ，③ことばでの脅し，④暴力，
　　　　　⑤持ち物隠し
　中学校：①冷やかし・からかい，②ことばでの脅し，③暴力，④仲間はずれ，
　　　　　⑤持ち物隠し
　高　校：①暴力，②ことばでの脅し，③冷やかし・からかい，④仲間はずれ，
　　　　　⑤たかり
　特殊教育諸学校：①ことばでの脅し，②冷やかし・からかい，③暴力，④仲
　　　　　間はずれ，⑤持ち物隠し
　全　体：①冷やかし・からかい，②ことばでの脅し，③暴力，④仲間はずれ，
　　　　　⑤持ち物隠し

なお平成19年に，①悪口を言われる，②ぶつかられたり，遊ぶふりをして叩かれたり蹴られたりする，③イヤなことや恥ずかしいこと，危険なことをされたり，させられたりする，④パソコンや携帯電話で誹謗中傷やイヤなことをされる，などの態様が加えられている。この見直しによって，いじめの認知件数

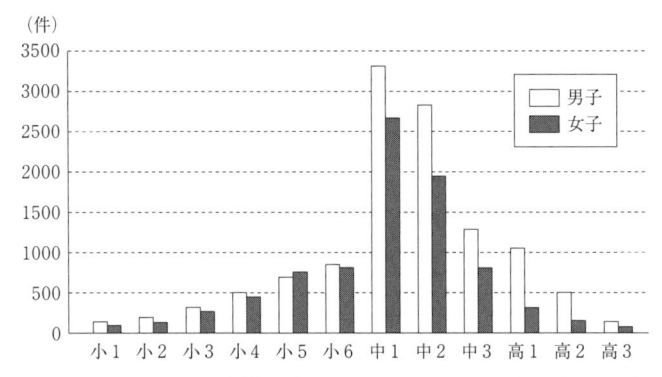

図9-5　いじめの発生状況（文部科学省：平成17年度統計による）

は12万4,898件にのぼっている。森田洋司は，現代のいじめの特徴として，①まわりからは見えにくい構造である，②すべてを打ち消し飲み込むような恥辱が与えられる，③いじめる子といじめられる子の立場が入れ替わる，④集団化する，⑤いじめが長期化するなどを指摘している。

いじめが起きた場合，学校としてまずしなければならないことは，次のとおりであろう。そして，被害にあった子ども，いじめた子ども，周囲の子どもに対して具体的な対応をしなければならない。

(1) 被害にあった子どもを救済する。
(2) いじめを止める方策を考え，実施する。
(3) いじめをした子ども，周囲の子どもへの指導をおこなう。
(4) かかわりある人（学校，家庭，関係機関など）への報告と連携を図る。

いじめによる事件が多発するなかで，2006（平成18）年11月17日，「文部科学大臣からのお願い」という文面が公表された。その文面は，「未来のある君たちへ」という書き出しである。いじめの実態の最後として，以下に引用してみよう。

文部科学大臣からのお願い

未来のある君たちへ

弱いたちばの友だちや同級生をいじめるのは，はずかしいこと。

仲間といっしょに友だちをいじめるのは，ひきょうなこと。

君たちもいじめられるたちばになることもあるんだよ。後になって，なぜあんなはずかしいことをしたのだろう，ばかだったなあと思うより，今，やっているいじめをすぐにやめよう。

◇　　◇　　◇

いじめられて苦しんでいる君は，けっして一人ぼっちじゃないんだよ。

お父さん，お母さん，おじいちゃん，おばあちゃん，きょうだい，学校の先生，学校や近所の友達，だれにでもいいから，はずかしがらず，一人でくるしまず，いじめられていることを話すゆうきをもとう。話せば楽になるからね。きっとみんなが助けてくれる。

平成18年11月17日

文部科学大臣　伊吹　文明

10章 学校と教育相談

1節 「心の教育」に求められる教育相談

1 児童生徒の悩み

　2006年10月,福岡県で中学2年の男子生徒がいじめを苦にして自殺した。「もういきていけない」という言葉を残して自殺した少年の気持に思いを重ねるのは耐え難い。図10-1は,子どもの自殺の状況だが,そのなかに,いじめをはじめとする学校生活を原因とした自殺は絶えることがない。

　文部科学省が2005（平成17）年に実施した『義務教育に関する意識調査』によると,学校を「まったく楽しくない」,あるいは「あまり楽しくない」と答えた小学生は12.2％,中学生は16.5％であった。「楽しくない」学校生活のなかに,子どもたちの見えない苦しみや悲しみがある。

2 保護者・教師の悩み

　「自殺しないとニュースになりませんが,辛く生きている子が何千,何万と

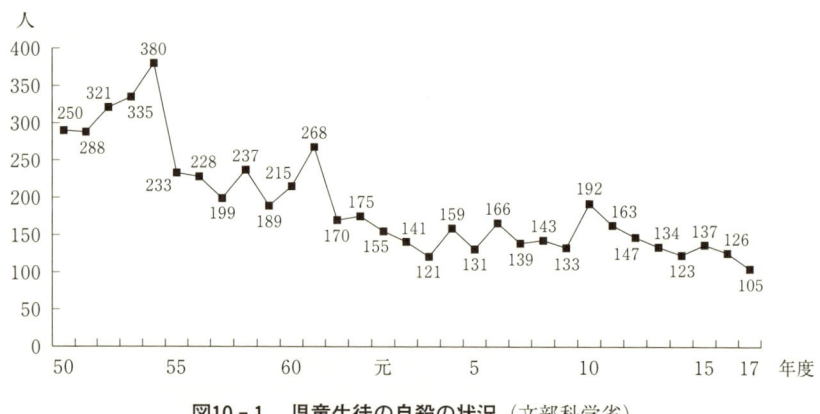

図10-1　児童生徒の自殺の状況（文部科学省）

いることを忘れないで下さい」。これは，いじめで不登校になった生徒の母親の声である。子どもの悩みや苦しみ，悲しみは，そのまま保護者の悩みや苦しみ，悲しみである。先の「意識調査」を見ると，小学校で4人に1人，中学校で3人に1人の保護者が，学校に「満足していない」と答えている。

「心の教育」のあり方に関して，中央教育審議会の答申「新しい時代を拓く心を育てるために——次世代を育てる心を失う危機——」は，「カウンセリングマインド」を身につけ，「教育相談」の力量を備えることを教員に求めている。保護者から不満の目で見られ，行政からは指導力を問われ，教師の悩みも深い。教育現場にある教師にとって最大の悩みは，自分が守備範囲とする一人ひとりの生徒の心が見えないことであり，生徒との信頼関係が結び合えないことである。

「心の教育」で重視される「教育相談」とは何か，教師が身につけることを求められている「カウンセリングマインド」とは何かを，以下に見ていこう。そして，「教育相談の心」をもって子どもたちの心と向き合うとはどういうことなのか，「不登校」や「特別支援教育」をとおして考えてみよう。

2節　教育相談とは

1　「教育相談」の意味

教育相談は，もともと教育センターなどの教育相談機関で行っていたものを指してきたが，ここでは，「学校における教育相談」という意味で用いる。

文部省（当時）の『生徒指導の手引』（以下『手引』とする）は，「教育相談とは，本来一人ひとりの子どもの教育上の諸問題について，本人又はその親，教師などに，その望ましい在り方について助言指導をすることを意味する」と述べている。「学校における教育相談」の対象は生徒や親，教師という「個人」であり，その活動は悩みや困難への「援助」であり，その目的は子どもの学校生活への望ましい「適応」と学校生活をとおした子どもの望ましい「成長」である。

2　教育相談の位置づけ

a　生徒指導と教育相談　中学校・高等学校学習指導要領解説の『特別活動編』は,「集団場面」での指導が生徒指導の基本であり,その「個別場面」での指導が教育相談であるとしている。『手引』は,生徒指導の「人格あるいは精神的健康をより望ましい方向で推し進めようとする指導」と,「学校適応や心理的な障害などをもつ生徒,いわゆる問題生徒に対する指導」との両面で,「個別の指導」を行うのが教育相談であると述べている。教育相談は,「個別場面」における「個人の指導」を担う生徒指導として,学校教育の中に位置づけられている。

b　進路指導と教育相談　中学校・高等学校学習指導要領は,「教育相談(進路相談を含む)」という記述で,進路指導の相談を教育相談の中に位置づけている。中学校学習指導要領解説の『総則編』は,「進学可能な学校」ではなく「進学したい学校」を選択させる進学指導を重視している。それは,「不本意入学」による高等学校中途退学を食い止めるために重要な指導だが,中途退学率は2005年度現在,12年間継続して2％を超えたままである。また近年,職業指導として職場体験やインターンシップ(就業体験)が奨励され,2006年度文部科学省白書によれば,公立中学校の職場体験実施率は91.9％,公立高等学校(全日制)のインターシップ実施率は63.7％に達している。しかし,内閣府の2006年度青少年白書によれば,中学校卒業者の7割以上(図10-2)と高校

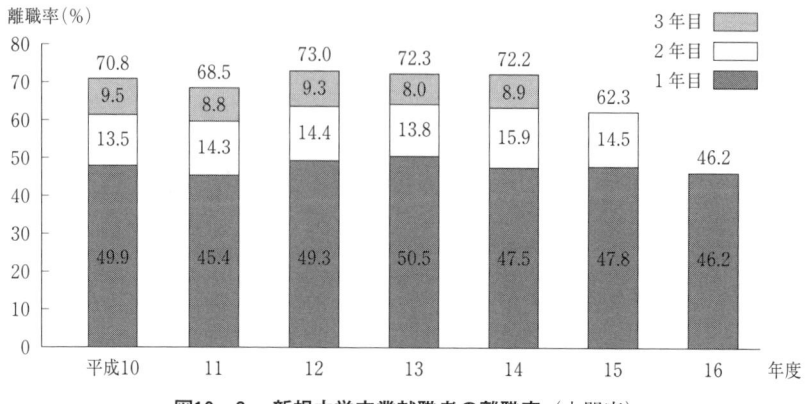

図10-2　新規中学卒業就職者の離職率（内閣府）

卒業者の5割近くが、就職後3年以内に離職する状況が続いている。進路指導の教育相談は、社会・経済状況の影響を強く受けるため、生徒の受け皿となる社会の状況を十分視野に入れた指導が極めて重要である。

　c　教育と教育相談　「生徒指導は、人間の尊厳という考えに基づき、一人ひとりの生徒を常に目的自身として扱う。それは、内在的価値をもった個人の自己実現を助ける過程であり、人間性の最上の発達を目的とするものである」。これは、『手引』における「生徒指導の原理」の一節である。冒頭の「生徒指導」は、そのまま「教育」に読み替えることができる。「人間性の最上の発達」は、世界人権宣言の「人格の完全な発展」や、子どもの権利条約の「子どもの人格、才能ならびに精神的および身体的能力を最大限可能なまで発達させること」という、国際的普遍性をもつ教育の目的と符合し、教育基本法第一条の「教育は、人格の完成を目指し」という教育の目的にまっすぐつながっている。

　生徒指導は教育そのものであり、生徒指導の一環である教育相談もまた教育そのものである。教育相談は、特別活動においてのみならず、教科指導を含む学校における教育活動全般において機能すべきものとして位置づけられる。

3　教育相談の3領域

　教育相談には3つの側面がある。適応上の問題や心理面の問題への対応という「治療的な側面」、および問題化する前の指導という「予防的な側面」、そしてよりよい成長、発達への働きかけという「開発的な側面」である。この3つの側面に対応して、図10-3のように、教育相談（カウンセリング）を以下の3つの領域に分けることができる。

　a　開発的教育相談　すべての児童生徒を対象とし、「いま、ここ」にある子どもの状態のよりよい成長、発達を意図する教育的営みであり、「教育相談」の「教育」の部分に重なる。グループや学級への働きかけなど、「集団場面」における指導を伴い、これまでの「個別場面」という教育相談の基本的な枠を突き抜けて、生徒指導と同義となり、生徒指導の「積極的な側面」の領域を担う。

　b　予防的教育相談　仲間関係を結ぶのが難しいなど学校生活への適応が心配されたり、休みがちになりかけた児童生徒を対象とする。開発的教育相談は、それ自体よき予防的教育相談ともなり、いずれも「育てる教育相談」であるこ

とから,「開発的・予防的教育相談」としてひとくくりにされることもある。

 c　治療的教育相談　不登校,いじめ,非行,発達や心理的要因で学校生活が極めて困難になっている児童生徒を対象とする。「教育相談」の「相談」の意味が強い。「個別場面」での指導助言,援助,治療活動という教育相談である。「育てる」ことを基本とする教育になじまない「治す」というニーズが大きいケースは,教育相談の限界を超えることがある。教師がひとりで抱え込まず,他の教師と連携し,スクールカウンセラーや専門機関と連携する視点が大切である。

▼自己理解促進・進路発達援助・対人関係能力育成等のための開発的ガイダンスプログラムの開発と担任への提供
▼ピア・サポート活動などの運営
▼開発的カウンセリング　など

▼開発的ガイダンスプログラムの実施
▼開発的カウンセリング
▼日常的観察　など

▼アセスメント会議の運営
▼担任へのコンサルテーション

開発的カウンセリング活動　D

予防的ニーズのある生徒のスクリーニング（主に集団実施）

集団指導も可能

▼教師へのコンサルテーション
▼教師カウンセラーへのスーパーヴィジョン

予防的カウンセリング活動　C

▼該当生徒との丁寧なかかわり
▼観察情報のアセ会議への提供

▼投薬
▼治療的心理療法　など

治療的カウンセリング活動　B　A

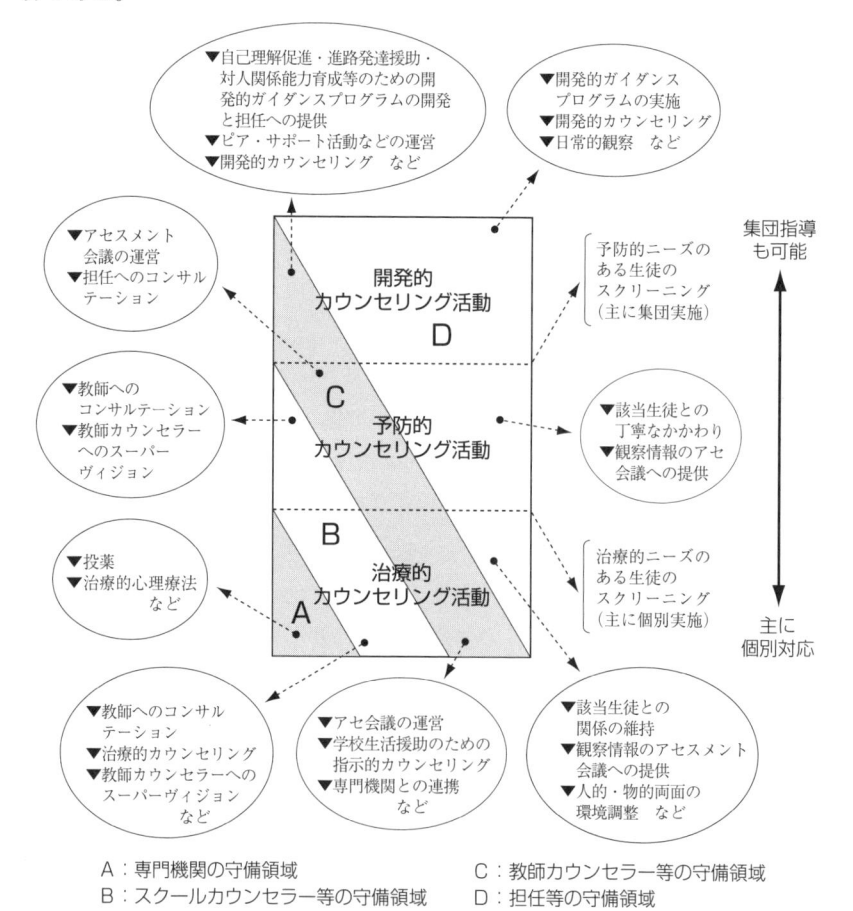

治療的ニーズのある生徒のスクリーニング（主に個別実施）

主に個別対応

▼教師へのコンサルテーション
▼治療的カウンセリング
▼教師カウンセラーへのスーパーヴィジョン　など

▼アセ会議の運営
▼学校生活援助のための指示的カウンセリング
▼専門機関との連携　など

▼該当生徒との関係の維持
▼観察情報のアセスメント会議への提供
▼人的・物的両面の環境調整　など

A：専門機関の守備領域　　　　C：教師カウンセラー等の守備領域
B：スクールカウンセラー等の守備領域　　D：担任等の守備領域

図10-3　カウンセリング活動の3領域と関係者の活動（栗原慎二による）

3節　教育相談の考え方

1　学校組織と相談体制

　教育相談体制は，①クラス担任が使いやすい体制になっているか，②生徒が相談しやすい体制になっているか，③保護者が相談しやすい体制か，④外部機関との連携がとりやすいか，という視点から評価できる。

　クラス担任がひとりで問題を抱え込まなくていい校内体制づくりが必須である。そのためには，教育相談が学校組織の中にはっきりと位置づけられていなければならない。相談ルートが簡単でわかりやすいことが，まず生徒にとって必要である。相談室は，普段「説教部屋」であったり，「禁煙指導」で保護者が呼び出される場所となったりする。教育相談との共用は避けたい。保護者にとって学校の敷居は高い。学校にものが言いにくい保護者の緊張や苦悩，切なさを思い，学校は保護者に開かれた体制を用意して，学校と保護者との風通しをよくしておく必要がある。また，学校の指導が行き詰ったとき，速やかに専門機関と連携することは，生徒のためであり，教師のためでもある。専門機関との連携窓口を明らかにしておくだけでも，クラス担任を支援する体制づくりになる。

2　教育相談の担い手とその役割

　a　学級・ホームルーム担任　教育相談の主な担い手はクラス担任である。担任は，クラスのすべての子どもたちを自分の「守備範囲」と心得，一人ひとりの子どもたちと向き合い，その成長と発達を支え助ける「教育相談」を日々実践する。しかし，これは正に教育であって，あえて教育相談と意識する教師はほとんどいない。

　b　教育相談担当教師　担任と連携して教育相談の全領域を担う。教育相談についての共通理解を校内につくり出し，学校内の連携や，専門機関との連携を図る「つなぎ手」であることが求められる。

　c　養護教諭　生徒を学習成績で評価することなく，身体のケアをすることで生徒とかかわるため，生徒が安心して心を開き相談しやすい。生徒の心の問

題に気づきやすい立場にある。日常的な教育相談実践の重要な担い手である。

　d　スクールカウンセラー　①児童生徒への「カウンセリング」，②教職員や保護者に対する「コンサルテーション」（助言・援助），③カウンセリングに関する情報の収集や提供，④その他，学校が必要と認めるカウンセリングにかかわる事柄が仕事の内容である。相談室の中での「カウンセリング」と「コンサルテーション」に終始するのではなく，教育現場にある1スタッフとして，教師を主体としつつ，子どもたちを共に育てる「コラボレーション」（協働）の姿勢をもつことが大切である。

　2007（平成19）年度現在，70％を超える公立中学校に，「臨床心理士」がスクールカウンセラーとして派遣されている。臨床心理士は，心理学の理論を用いて，人が少しでも生きやすくなるように心理的に援助することが仕事であり，本来は治療的教育相談が主な守備領域である。

　これに対して「学校心理士」は，学校心理学の専門家であり，生徒指導や教育相談などの学校心理学の理論と教育現場の実際に精通している。開発的教育相談の重要性が強調される今日，この領域を守備範囲とする学校心理士を積極的にスクールカウンセラーに登用することが望まれる。

3　カウンセリングと教育相談

　教育相談を全体として考えるとき，「カウンセリング」だけを切り離すことはできない。カウンセリング活動を支える「組織活動」や「推進活動」などが必要となる。学校におけるカウンセリング，すなわち教育相談は，そうした周辺の活動を含む広義の教育相談活動の中心に位置する。

　一般的な意味で「カウンセリング」とはどのようなものであろうか。人はみな，成長・発達の過程で，悩み心揺れながら生きている。いつもは自分で切り抜けたり，身近な人に支えられたり，揺れが収まるのをやり過ごしたりして，日常生活をなんとか支障なく送っている。しかし時として心のバランスを失い，なかなか立ち直れないこともある。カウンセリングとは，人生の途上でだれもがぶつかる問題に直面しながら，特別大きな支障もなく学校生活や職場生活を過ごしている「健康な人」を，主たる対象としている。そして，その人がもともともっている成長しようとする力，潜在している可能性を実現しようとする

力，あるいはよりよく生きようとする力を引き出し活性化させることで，本人が自分の問題を自分で解決する手助けをしようとする営みである。

4　心理療法と教育相談

　心理療法は，うつ病や統合失調症などの病気，重い神経症など，日常生活に著しい支障をきたしている人を対象とする。十分な配慮のもとにつくり出された人と人との直接のかかわりをとおして，専門家が心理的にアプローチすることにより症状をやわらげたり，問題を解決したり，人格の成長や発達を援助する営みである。行動や考えを変えて「治す」という意味が大きく，図10−4に見るように，治療的カウンセリングと重なる部分がある。

　治療的教育相談は，①活発な成長過程にある子どもを対象とする，②休み時間や放課後という時間的制約がある，③先生に勧められた不本意来談が少なくない，④友だち関係の悩みが多い，といった特徴がある。そこで，①ロジャーズの来談者中心療法のように，人は自ら成長しようとする力を内在した存在であるという教育と共通した人間観を基本とし，②解決志向アプローチなど未来志向の援助技法をもつ短期療法や，③自律訓練法など対人関係の緊張緩和に有効な行動療法など，生徒のニーズに合わせた統合的心理療法の構築と実践が求められる。

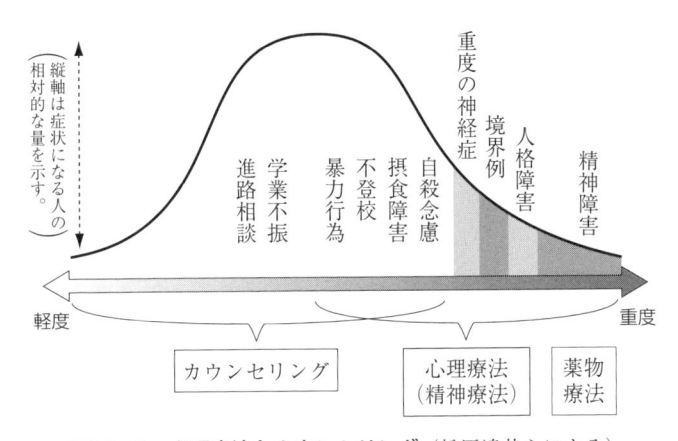

図10−4　心理療法とカウンセリング（松原達哉らによる）

5　カウンセリングマインドと教育相談

「カウンセリングマインド」という和製英語は，教育研究所によって学校現場に広められた。東京都教育委員会の教育研究所は，すべての教師に「カウンセリングマインド」を身につけさせることをねらいとした「スクールカウンセラー研修講座」を，1981年に開始した。その当時，教育研究所が実践していた教育相談は，ロジャーズのカウンセリング理論を裏づけとしていた。「カウンセリングマインド」とは，語源的に見れば，ロジャーズが説くカウンセラーの「相談的態度」である。それは，次の3つの言葉で表現されている。

a　自己一致　ロジャーズは，「誠実さ」「統合性」「真実性」などということばでその意味を説明している。良寛(りょうかん)の戒語，「すべてことばはをしみをしみいふべし」も同じことを言っている。心にもないことを言うな，あるふりをするな，一つひとつのことばも自分の心に聞き，うそがないことを確かめ，大切に心から口にすることが大事だ，といった心の構えが「自己一致」である。

b　無条件の肯定的尊重　「無条件の肯定的配慮」「無条件の肯定的関心」「無条件の積極的関心」など，いろいろな訳語があてられていてわかりにくい。ロジャーズ自身は，「受け容れること」「大切に思うこと」「愛すること」「信じること」などのことばで置き替えながら，「人を，そのままで，かけがえのない大切な存在と思い，温かい眼差しを向けること」と，かみくだいて説明している。

c　共感的理解　自分の考えや感情を離れて，相手の考えや感情を理解しようとする心の姿勢である。宮沢賢治(みやざわけんじ)の「雨ニモマケズ」の一節，「アラユルコトヲ　ジブンヲカンジョウニ入レズニ　ヨクミキキシワカリ」に通じる。

　人が自分のことを本当に大切に思ってくれて，気持もよくわかってくれて，そのことばや態度に何のうそもないことが伝わってくる体験ができたなら，どれほどに嬉しいことだろう。こちらも安心して素直になり，いつの間にか心をゆるし，知らないうちに信頼関係が生まれる。生徒と教師との信頼関係は，教育が成立する前提条件である。教師が，生徒の「成長促進傾向」と「自己実現の可能性」を信じ，生徒の成長のために「カウンセリングマインド」をもって働きかける営みが教育である。「カウンセリングマインド」とは，教育の現場においては「ティーチングマインド」にほかならない。

4節　不登校と教育相談

1　不登校の現状

「何らかの心理的，情緒的，身体的あるいは社会的要因・背景により，児童生徒が登校しない，あるいはしたくともできない状況にあるため，年間30日以上欠席した者のうち，病気や経済的な理由によるものを除いたもの」を，文部科学省の学校基本調査は「不登校児童生徒」としている。不登校児童生徒数の状況は図10-5のとおりである。2001年度に138,722人というピークを記録し，その後減少傾向にある。しかし，全児童生徒数が減少しているため，不登校の比率は横ばい状態である。2005年度の中学校不登校者99,546人は，たとえば茨城県の同年度全中学生90,037人をはるかに超えている。不登校として顕在化していない「学校ぎらい」の児童生徒の存在を思えば，不登校は，現代の公教育としての教育制度の在り方を根幹から問いかける重大な問題である。

2　不登校の要因

不登校経験者自身に聞いた調査では，表10-1のとおり，「友人関係をめぐる問題」44.5％，「教師との関係をめぐる問題」20.8％，「学業の不振」27.6％な

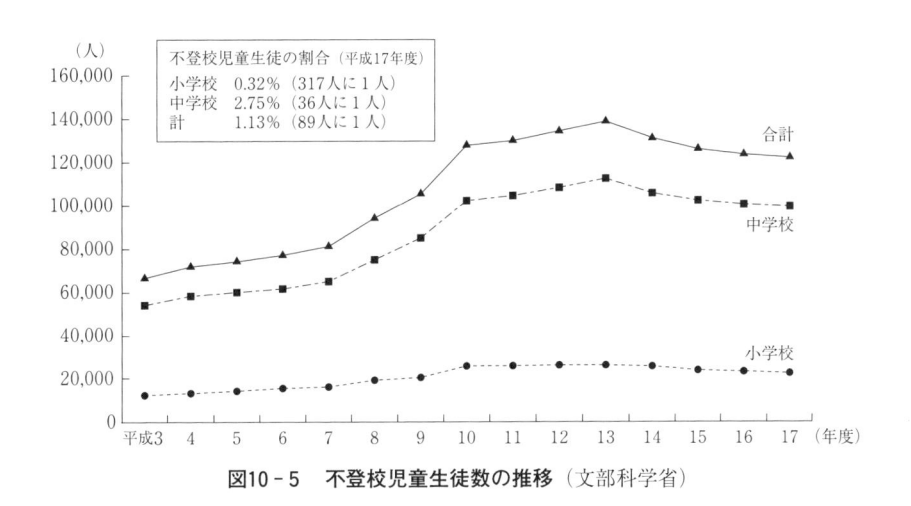

図10-5　不登校児童生徒数の推移（文部科学省）

不登校児童生徒の割合（平成17年度）
小学校　0.32％（317人に1人）
中学校　2.75％（36人に1人）
計　　　1.13％（89人に1人）

ど，学校生活に起因する不登校がほとんどであった。これを教師の方から見ると，「友人関係をめぐる問題」18.5％，「教師との関係をめぐる問題」1.7％，「学業の不振」13.1％となる。いずれも1993年度に中学3年生だった不登校者についての調査結果である。前者は複数回答，後者は文部省の『学校基本調査』における1項目選択だが，不登校要因の生徒の思いと教師の見方との開きは大きい。とりわけ

表10-1　不登校経験者が語る不登校のきっかけ
（現代教育研究会）

分類	項目	人数	比率(％)
ある	友人関係をめぐる問題	620	44.5
	教師との関係をめぐる問題	290	20.8
	学業の不振	385	27.6
	クラブ活動，部活動の問題	230	16.5
	学校のきまり等をめぐる問題	137	9.8
	入学・転編入学・進級してなじめなかった	199	14.3
	家庭生活環境の急激な変化	60	4.3
	親子関係をめぐる問題	158	11.3
	家庭内の不和	104	7.5
	病気をしてから	184	13.2
	その他	269	19.3
	選択者総数	2636	189.2
	回答者総数	1227	88.1
ない	特に思いあたることはない	151	10.8

「教師との関係をめぐる問題」の項目では，不登校当事者自身が20.8％と見ているのに対して，教師はわずかに1.7％としか見ていない。その後の調査でも，教師の認識にほとんど変化はない。友だちはいないし，いじめられる，勉強はわからないし，先生はわかってくれない，学校は不安で落ち着かなくて嫌なところだ，だから行かない，という不登校の子どもの声が聞こえてくる。そこには，生徒の方が学校に不適応を起こしているのではなく，学校の方が生徒に不適応を起こさせているという教育状況が見えてくる。

3　不登校に対する学校の対応

学習指導要領は，生徒指導に対して①「教師と生徒の信頼関係」，②「生徒相互の好ましい人間関係」，③「生徒理解」の充実を求めている。不登校の生徒たちは，まさにこのことを学校に求めている。「教育相談の心」を生かした生徒指導がすべての子どもたちに届く学校づくり，学級づくりこそ，不登校に対し学校ができる最も有効な対応である。不登校状態が生じた場合の対応として，「今後の不登校への対応の在り方について」は，次の事項をあげている。

a　保健室登校　保健室が「居場所」として果たしている役割の大きさを認め，「保健室登校」のための環境・条件を整備する。
　　b　相談室登校　保健室同様，相談室も「居場所」として機能していることを認め，「相談室登校」のための環境・条件を整備する。
　　c　心の教室　中学生が気軽に悩みを話し，ストレスを和らげることができるようにと置かれた「心の教室」の相談員と連携協力する。
　　d　家庭訪問　クラス担任などが家庭訪問をしてかかわりをもち続ける。
　　e　適応指導教室　教育委員会が不登校児童生徒への支援施設として設置した適応指導教室（教育支援室）と連携して，学校生活への復帰を図る。

4　不登校と教育相談的視点

　『学校における教育相談の考え方・進め方』（文部省）は，「生徒は一人ひとりがかけがえのない独自の存在であって，不登校の事例は1つとして同じものはない」と言い切った上で，不登校に対する教育相談の前提として，「一人ひとりの生徒の内面的状況の個別的理解が不可欠である」と述べている。だが，この「個別的理解」が至難である。自らも不登校経験者で，「〈当事者〉学」を提唱する貴戸理恵は，「一番望ましいのは，よく理解できないが理解できないものがそこにある，ということを認めること」なのだとして，「わたしにちゃんと向き合って，でも決して理解しちゃだめだよ」と言う。子どもの生きる力を揺るぎなく信じて，「見れども見えず」にめげず，「見えずとも見ん」という共感的理解への姿勢をまっすぐ子どもに向けて，子どもの心とちゃんと向き合い寄り添い続ける。これが不登校に対し求められる「教育相談の心」である。

5節　発達障害と教育相談

1　特別支援教育

　1994年，ユネスコの世界会議は，サマランカ宣言の後，障害をもつ子どもたちが普通の学校で学ぶインクルーシブ教育の実現をすべての政府に求めた。このような世界的潮流を受け，文部科学省は「今後の特別支援教育の在り方について（最終報告）」(2003年)において，これまで障害種別に行ってきた「特殊教

育」を，子どものニーズに合わせた「特別支援教育」へと転換する方針を明らかにした。2007年4月から正式にスタートした特別支援教育において，これまで特殊教育では対象とされていなかったLD，ADHD，高機能自閉症などの障害をもつ発達障害の子どもたちが，基本的には普通学級に在籍することとなった。

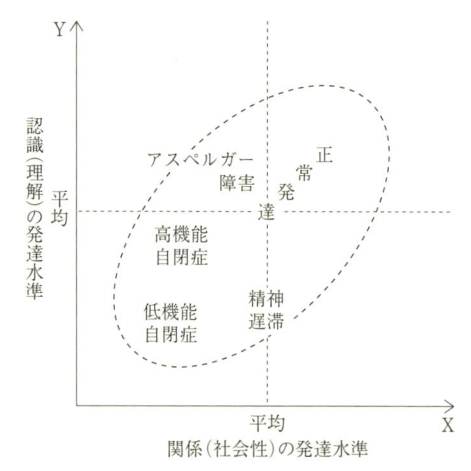

図10-6　正常発達と発達障害の連続性
（滝川一廣による）

2　発達障害

2005年に施行された発達障害者支援法は，発達障害の具体的障害名として学習障害，注意欠陥多動性障害，自閉症，アスペルガー症候群をあげている。それぞれの障害は，下記のような特徴をもっている。しかし，発達障害と正常発達とは相対的な相違であって，図10-6のような連続スペクトルをなしており，それぞれの障害も互いにその境界をはっきり区切ることはできない。

a　学習障害（LD）　聞く，話す，読む，書く，計算する，または推論することのうち，いずれかで特に著しい困難を示す障害である。環境的な要因ではなく，中枢神経の何らかの機能障害と考えられている。

b　注意欠陥多動性障害（ADHD）　①注意力の不足，②衝動性，③多動性を特徴とする行動の障害で，社会的な活動や学業上の困難がともなうものである。7歳以前に現れ，中枢神経系に何らかの障害があると考えられている。

c　自閉症　①他人との社会的関係の形成の困難さ，②言葉の発達の遅れ，③興味や関心の狭さや特定のものへのこだわりを特徴とする。3歳くらいまでに現れるこれらのうち，知的発達に遅れがないものを高機能自閉症という。

d　アスペルガー症候群　自閉症の特徴のうちで，ことばの発達の遅れをともなわず，かつ知的発達の遅れをともなわないものをいう。

3 発達障害と教育相談的視点

　前記「今後の特別支援教育の在り方について（最終報告）」は、「ADHDの児童生徒が同時に高機能自閉症と判断されること、又は、同時にLDと判断されることもある」として、障害の状態に応じた「具体的な指導方法の実践的な研究」の必要をうたっている。治療教育者の川手鷹彦は、自閉症の子どもについて、「それぞれの子で異なります。内的な構造はたしかに普通と違います。しかしその違い方は千差万別なのです」と述べている。発達の障害をもつ子どものニーズは、一人ひとりの子どもによって異なる。障害児教育の指導は、初めに方法があるのではなく、常に目の前の子どものニーズをさぐり、その子どもに合った指導方法をさがしあてていかなければならない。指導方法以前の問題として、発達の障害をもつ子どもと向き合うときに大切な教育相談的視点がある。

　a　安全と安心の保障　発達障害のある子どもは、新しい環境に強い不安や恐れを抱くことが多い。それは、これまでの人間関係から学習した適応的反応であるとともに、集団生活を困難にする二次的障害でもある。教師集団は、休み時間も教師の目を切らさないきめ細かい連携体制をとり、安全と安心を保障することが、まずはじめに求められる。その上で、担任教師はクラスのどの生徒ともつながり、生徒同士をつなげ、「みんなちがってみんないい」という学級風土を育てていくことが、障害をもつ生徒の学校適応上で最も重要な視点である。

　b　「ほかならない私に対する眼差し」　「疾患名で呼ばれる子どもは一見そう見えないけれども、むしろ普通に健康な子どもよりも『他ならない私に対する眼差し』というものを欲しているように経験上思われる」と、村瀬嘉代子は語っている。障害を見るのではなく、「他ならない私」を見る眼差しは、教育相談の心である「共感的理解」をより深いところで必要としている。そして、「他ならない私に対する眼差し」は、子どもをそのままでかけがえなく大切に思う「無条件の肯定的尊重」の姿勢によって、揺るぎなく支えられていなければならない。

　発達の障害をもつ子どもは、通常の学校に約6％、クラスに2人か3人在籍している。その子どもたちの教育が、すべての教師の本務となった。「教育相談の心」、すなわち「ティーチングマインド」を支えにして、未来をめざす仕事に日々の実践をつなげることができるか、現場の教師はいま鋭く問われている。

11章 教育評価

1節 教育評価とは

1 教育評価の目的と対象

　教育評価が変わらなければ教育は変わらないといわれるほど，教育評価が教育に与える影響は大きい。なぜなら，教育評価とは，単に学力テストを実施し，成績に基づいて子どもたちを順位づけするだけのものではないからである。教育とは，本来，子どもの発達を促すために行う意図的な働きかけであり，その中で，教育評価とは，どこに改善が必要なのかを示す基準であり，さらには実際に取り組んだ改善がどの程度有効であったかを示す基準でもある。そのため，学力評価，授業評価，カリキュラム評価，学校評価などの評価も教育評価に含まれる（図11-1）。

　学力評価では，授業を通じて教授された学習内容を，児童生徒がどの程度習得しているかが評価の対象となる。また，授業評価では，個々の授業における教育目標，教材・教具，指導過程と学習形態，学力評価のあり方，さらにはその授業を含む単元の構造などが評価の対象となる。カリキュラム評価では，授業評価を基盤と捉えつつ，

```
┌─────────────────────────────────────────┐
│              学校評価                    │
│  学校の教育目的・学校経営の方針・スクールカラーや伝統  │
│  学校の研修体制・管理職のリーダーシップ・教師集団の人間関係 │
│  子どもや保護者のニーズや期待・学校と保護者や地域社会との連携 │
│   ┌─────────────────────────────────┐   │
│   │         カリキュラム評価          │   │
│   │  年間指導計画・時間割・学校行事等  │   │
│   │  下級・上級学校との連携・教授組織・学習組織 │   │
│   │   ┌─────────────────────────┐   │   │
│   │   │       授業評価           │   │   │
│   │   │ 授業過程の評価・授業成果の評価 │   │   │
│   │   │   ┌─────────────────┐   │   │   │
│   │   │   │     学力評価      │   │   │   │
│   │   │   │  教師による学力検査  │   │   │   │
│   │   │   │   標準学力検査     │   │   │   │
│   │   │   └─────────────────┘   │   │   │
│   │   └─────────────────────────┘   │   │
│   └─────────────────────────────────┘   │
└─────────────────────────────────────────┘
```

図11-1　学力評価，授業評価，カリキュラム評価，学校評価の主な内容

カリキュラムとしての目標設定や配置などが評価の対象となる。また，学校評価とは，教育理念，経営方針，教員間の人間関係，地域との連携など，学校がある周辺地域も含めたさまざまな事柄が評価の対象になる。これらの評価では，評価対象が分離されているものの，実際には，これらの評価結果は独立したものではなく，相互に密接に関連しており，教育の改善へ向けて総合的に分析され，改善に役立てられなければならない。

2　教育評価の歴史的変遷

現在の教育評価が確立するまでには，長い歴史がある。1900年以前の教育評価は，伝統的な口述試験による方法が多く用いられてきた。しかし，この方法では，評価者の主観的判断による誤差が混入しやすいため，評価者により評価が異なる可能性があった。このような時代背景のもと，20世紀初頭にアメリカで，ソーンダイクを中心に学力を科学的に測定することをめざす教育測定運動が展開された。この運動を契機に，児童生徒の学力を科学的・客観的に測定する手法が発展した。とくに，評価者が異なることによる影響を受けにくい客観テスト（標準学力テスト）が，この時期に多く開発され普及した（評価者の違いや時間的変化によるテスト結果の影響の受けにくさを，テストの信頼性という）。このような取り組みが活発に行われていた1900年から1930年までの約30年間を，一般に「教育測定の時代」という。

教育評価の時代に開発された客観テストは，通常，クラスや学年など，一定数の集団の平均値を基準として，それよりもどの程度良いか（あるいは，悪いか）という観点から学力が評価された。しかし，教育とは本来，価値としての教育目標をめざす営みであり，教育の成果は集団の平均値を基準として行われるべきものではなく，教育目標を基準として行われるべきである。そのため，客観テストにより個人を集団の中に位置づけるだけでは，教育の成果を正しく評価できないとの批判が生まれた（テストが測定しようする対象をどの程度正確に測定できているかを，テストの妥当性という）。そこで，教育目標に対する到達度を基準として評価する方法が開発されるようになった。このような取り組みは，「教育測定の時代」以降1960年ごろまでおよそ30年間続き，一般にこの時期のことを「教育評価の時代」という。

表11-1 診断的評価，形成的評価，総括的評価の特徴
(ブルーム，1971：梶田他(訳)，1973の一部)

評価のタイプ	機能	実施時期	評価の中で強調される点	評価手段のタイプ
診断的	クラス分け： ●必要とされる技能があるかないかの確認 ●あらかじめ習得されているレベルの確認 ●各種の教授方式に関係があると思われるさまざまな特性による生徒の分類 持続的な学習上の問題点の底にある原因の確認	クラス分けのためには，単元，学期，学年が始まるとき 通常の教授によっては十分学習できないことが一貫して明らかな場合には教授活動の進行中	認知的，情意的および精神運動的能力 身体的，心理的，環境的要因	予備テスト用の形成的テストと総括的テスト 標準学力テスト 標準診断テスト 教師形成のテスト 観察とチェックリスト
形成的	生徒の学習の進展に関する教師と生徒へのフィードバック 治療的な指導の方針をはっきりさせることができるよう単元の構造の中で誤りを位置づけること	教授活動の進行中	認知的能力	特別に作られた形成的テスト
総括的	単元，学期，課程の終わりに，単位を認定したり成績をつけたりすること	単元，学期，学年の終了時	一般的には認知的能力，強化によっては精神運動的能力や情意的能力も	期末試験，あるいは総括的テスト

2つの時代を経て，信頼性と妥当性の高い教育評価の方法が確立した。しかし，その後，教育の目的は，子どもたちが将来，社会に出た後に快適な社会生活を営み，社会の一員として責任を果たすことを目的として行われるものであるという考えが広まった。そこでアメリカでは1980年代後半から，学校という特殊な環境で習得した知識が実社会においてどの程度役立つのかという問題（これを学力の真正性という）が指摘されはじめた。そして現在は，このような教育観に基づく新しい評価方法が多く開発されている。

2節 教育評価の方法

1 評価の時期と目的

教育評価を単なる学力評価ではなく，授業方法の改善に役立てるための材料としてとらえれば，評価を行う時期やその目的も異なる（表11-1）。

a　**診断的評価**　授業活動をより円滑に推進していくためには，子どもの学力や興味，態度などの実態を把握した上で，指導計画を立案することが大切である。そのために，教授・学習過程の前に，児童生徒の現状を診断することを目的として，各学年や各学期の初めに行う評価である。

　b　**形成的評価**　実際にカリキュラムが実施され授業が始まると，教育の効果をあげるために，学習が成立しているかどうかを，常に教授目標に照らして確認しながら指導していくことが重要である。そのために，教授・学習過程において，定期的に現在の習熟度を評価することである。

　c　**総括的評価**　カリキュラムの最終段階になると，学習の最終的な成果を総括的に評価することが必要となる。この評価は，学期末や学年末，あるいは単元の学習の終了時に行い，指導法の反省，改善，指導計画の手直しなど，その後の教育活動の展開に活かすためのものである。

2　評価の基準 —相対評価と絶対評価—

　教育評価は，何を基準に評価するかにより，評価結果の意味が異なる。

　a　**相対評価**　教育評価を行う場合に，クラスや学年，さらには学校や地域，全国といった集団を評価の基準として用いることができる。このように，その集団と個人の成績とを比較して，個人の成績の位置を示す方法を相対評価という。相対評価における基準では，通常，正規分布曲線で仮定される比率が用いられる。この評価基準に基づく5段階評定では，上位7％の者が「5」，次の24％が「4」，次の38％が「3」，次の24％が「2」，最後の7％が「1」となる。

　b　**絶対評価**　何らかの絶対的な基準に照らし合わせて，個人を評価する方法を絶対評価という。絶対評価は，何を絶対的基準とするかにより，さらに認定評価，個人内評価，達成度評価，目標に準拠した評価などに分類される。

(1) 認定評価：教師の主観的な判断を評価基準とする評価であり，非常に独全的になりやすい評価である。

(2) 個人内評価：個人の過去の評価を基準として，その人の継続的変化をとらえる評価である。個人内評価は，一人ひとりの児童生徒について，その子ならではの学習の進展や発達のあゆみ，得意や不得意，長所や短所などを丁寧にとらえることができるため，特別支援活動などで頻繁に利用される。

(3) **達成度評価**：学校教育をとおして，すべての児童生徒に等しく身につけてほしい具体的な行動目標を基準とし，個人がその目標をどの程度達成しているかを評価する。この評価方法は，達成目標を明示することで，個人や集団の学習の成功や失敗を絶対的に決定し，学習の習熟度を見極めることができるとともに，指導に活かすこともできる。さらに，その評価結果は，児童生徒の学力評価だけでなく，教師に対する授業評価としても利用することができる。

(4) **目標に準拠した評価**：教育目標そのものを評価基準とし，学力の習熟度を具体的に把握して指導に活かそうとする評価である。基本的な考え方は，すべての児童生徒を共通の学習目標に到達させることをめざすものであり，達成度評価と非常に類似している。ただし，達成度評価では基礎学力の保障を背景に具体的で限定的な行動を達成目標にしているが，この評価は基礎学力とともに発展的な学力の育成に向けた目標も評価基準として取り入れている。

3　評価の記録

　教育評価をさまざまに利用し，教育の改善に幅広く役立てるためには，教育評価の結果を記録していかなければならない。文部科学省は，教育評価の記録について「児童又は生徒の学籍ならびに指導の過程及び結果の要約を記録し，指導及び外部に対する証明等のために役立たせる原簿」と規定している。この規定による原簿は，一般に指導要録といわれている。指導要録には，学校教育において指導の経過および進歩の状況などを記録し指導に役立てるための資料としての意味と，学校外に対する証明となる公簿としての意味がある。そのため，様式，内容，記入方法についても文部科学省が規定している。

　これに対して，学校が教育の効果をあげるために，学習や身体発達などの情況を定期的に家庭に知らせるための書類として，一般に通知表，通信簿，通知票などといわれるものもある。これらは指導要録と異なり，様式，内容，記入方法のすべてに文部科学省の規定がなく，各学校や各教師の裁量に任せられている。

3節　教育評価の現状と新しい展開

1　日本における教育評価の現状

　教育評価は，教育活動全体を改善する上で非常に重要な役割を担っている。そのため教育評価は，評価方法自体の問題点や学習観の変化などにあわせて修正され，今日に至っている。

　わが国では，1989年の学習指導要領（文部科学省が告示する教育課程の基準）改訂で「新しい学力観」が打ち出され，それに伴い評価する内容も変化した。新しい学力観とは，社会の変化に対して主体的に対応することのできる能力の育成を目指し，子どもに事物や学習に対する積極性と思考力・判断力・表現力を養うというものである。そのため，知識・理解・技能の習得以上に，関心・意欲・態度や思考力・判断力の育成を重視している（図11-2）。この新しい学力観に基づき，1991年の指導要録改訂において，「関心・意欲・態度」「思考・判断」「表現・技能」「知識・理解」の4つの観点が設定され，その中でも「関心・意欲・態度」が最上位に位置づけられ，もっとも重視された。この立場は，2001年の指導要領改訂においても継承されている。

　さらに，指導要録における教育評価の基準も変化した。1950年代からの長い間，わが国では評価の基準として相対評価と個人内評価が用いられてきた。しかし，評価の実態は，相対評価において成績が思わしくない児童生徒に対して，所見欄等で個人内評価に基づき努力点を評価するという状況であり，相対評価と個人内評価はそれぞれ選別と救済という側面が強かった。くわえて，相対評価について，次のような問題点も明らかになった。

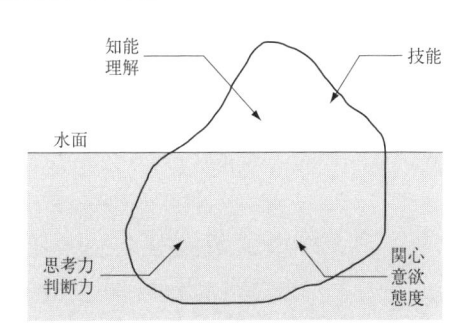

図11-2　新しい学力観の概念図（梶田による）

※梶田（1993）によれば，新しい学力観は，氷山のように示される。これによれば，氷山の上に出ている見える部分が「知識・理解」や「技能」であり，水面下で隠れて見えない部分が「思考力・判断力」，「関心・意欲・態度」であり，この見えない学力のしっかりとした支えがなければ，見える学力も頼りないものとなる。

(1) 学力は本来，知・情・意の総合力であるが，相対評価では評価しやすい知的側面の評価が偏りがちで，広い意味の学力が反映されにくい。
(2) 必ずできない児童生徒がいることを前提としており，非教育的である。
(3) 集団内の児童生徒の間に排他的な競争を常態化させ，勉強を勝ち負けで考える学習観が生み出される。
(4) 相対的な比較であるために，学力の実態を反映しておらず，カリキュラム評価にも利用できない。

このような問題から，2000年12月教育過程審議会が発表した「児童生徒の学習と教育課程の実施状況の評価の在り方」(答申) の中で，今後の学校における評価について，目標に準拠した評価と個人内評価を重視する方針が打ち出された。これを受けて，2001年の小・中学校の指導要録の改訂で相対評価は廃止され，目標に準拠した評価と個人内評価に基づく指導要録が作成された。

2 新しい評価法

学力の真正性が指摘されるようになり，さまざまな評価方法が開発されるようになった。この問題が指摘されはじめた背景には，「知識とは，受動的に伝達されるものではなく，主体である行為者が環境と相互作用しながら能動的に構成するものである」と考える構成主義的学習観の影響がある。そのため，近年開発された評価法では，「おとなが仕事の場や市民生活の場，個人的な生活の場などで試されている文脈を模写したり，シミュレーションしたりしつつ評価を行う」ことが重視されている。このような観点から生まれた代表的な評価法に，パフォーマンス評価とポートフォリオ評価がある。

a　パフォーマンス評価法　児童生徒に知能や技能を表現させたり応用させたりするような課題を行わせ，それを評価者が観察し，学力が表現されている程度を評価する方法をパフォーマンス評価という。この評価を用いる場合，成功の度合いが幅広く，評価が難しくなることがあるため，成功の度合いを示す数段階の尺度と，それぞれの段階の特徴を記述した評価基準表が用いられる（この評価基準表を，「ルーブリック」という（表11-2参照)。

b　ポートフォリオ評価法　ポートフォリオとは，学習において，自分はどのようなことに努力しているか，どこがどのように成長したか，何を達成した

表11-2 「グループで話し合う力」に関するルーブリックの例（田中らによる）

5 すばらしい	生き生きと話し合いに参加し，積極的に意見を述べている。互いの意見を関連づけて意見を述べたり，疑問に思ったことを投げ返したりしながら，話し合いを深めようとしている。話し合いのメンバーにも配慮することができ，発言を促したり，声をかけたりするなど，司会者的な役割を果たしている。話し合いの中で，自分の考えが深まっていく楽しさを自覚している。
4 よい	話し合いにおける発言回数が増えてきている。教師が示した見本（「手引き」）の言葉をまねながら，話し合いを整理したり，話題を転じたりするために発言しようとしている。発言の少ない者への言葉がけをしようとしている。
3 普通	20分程度の話し合いを続け，言うべきときには意見を述べることができる。相手の発言を関心をもって聞き，問うたり感想を述べたりして，相手の発言に関わっている。
2 あと一歩	単発的に意見を述べることはできるが，なかなか話し合いの中に入っていけない。友だちに促されて意見を述べることもあるが，周囲の友だちや教師の助けが必要である。
1 努力が必要	話し合いの場に座って友達の話を聞いているが，友だちの発言に反応したり，自分から発言したりはしていない。
0 採点対象外	話し合いに参加しなかった。

かなどについての証拠となるものを，系統的に蓄積したものである。具体的には，①学習成果としての作品や学習のプロセスを示す作業メモ，②それに対する学習者自身の評価の記録，③教師による指導と評価の記録を，児童生徒と教師が共同してポートフォリオに蓄積していく。ポートフォリオ評価は，このポートフォリオ作りをとおして，児童生徒の学習に対する自己評価を促すとともに，ポートフォリオを用いて，教師は児童生徒の学習と自らの教育をより幅広く，深く評価できる。さらに，ポートフォリオは保護者面談でも利用でき，教育評価への保護者の参加を促すことができる点でも意義深い評価法である。

4節　教育統計の基礎

1　尺度の測定

　何らかの対象や，人，出来事などをより客観的に取り扱うため，一定のルールに従って数字を付与し数値化する作業を測定という。この数値化するために

はルールがあり，このルールに基づき4つの尺度に分類される。たとえ同じ数字であっても，尺度が違えば数字のもつ意味は異なってくる。

a 名義尺度 分類することを目的として数字を用いた尺度である。たとえば，クラス名などである。この尺度では，数字の間に数量的関係はない。1クラスと2クラスというクラス名の数字は，単なる分類するための数字であり，山クラスや川クラスと同じ意味しかもたない。

b 順序尺度 大小関係など，順序づけを目的として数字を用いた尺度である。クラス内での成績順位などがこれにあたる。これは文字どおり順序を反映しているが，尺度内の間隔の等しさを表してはいない。

c 間隔尺度 順序に加え，量の大きさを目的として数字を用いた尺度である。この尺度では，間隔または差の等価性が示される。気温15℃は10℃よりも5℃高いことを，3℃は－2℃よりもやはり5℃高いことを意味している。そして，この2つの5℃の違いは同じ違いを表している。

d 比率尺度 順序，間隔の等価性に加え，比率の等価性を示す目的で数字を用いた尺度である。この尺度では，間隔尺度と異なり，絶対的な零点が存在することが前提である。たとえば，気温0℃は温度がないということではなく，絶対零度（－273℃）よりも273℃高い温度を意味しているが，身長における0 cmとは高さが存在しないということを意味している。

2 集団の特徴を比較する

同じテストを行った2つのクラス間でどちらのクラスの習熟度が高いかを比較したい場合，それぞれのクラス全員のテスト成績を合計し，その合計値を人数で割って平均値を算出して比較するかもしれない。しかし，平均値だけでその集団の姿が正確に示されるとは限らない。

今，5人のAクラスとBクラスがあり，それぞれクラスで行った同じ数学のテストの平均値が，Aクラス65点，Bクラス66点だったとする（表11-3）。2つのクラスの生徒の学力は概ね同じくらいであり，どちらかといえばBクラスの方に学力が身についているということになる。しかし，各クラスの全5名のデータを見ると，Bクラスには100点をとった生徒が一人いるだけで，Bクラスで3位の人（60点）であっても，Aクラスでは最下位の人ということになる。

表11-3　AクラスとBクラスの数学のテストの成績例

	Aクラス	Bクラス	Aクラスの偏差の2乗	Bクラスの偏差の2乗
1	70	100	25	1156
2	65	65	0	1
3	65	60	0	36
4	65	55	0	121
5	60	50	25	256
平均値	65.00	66.00	50.00	1570.00
分　散	10.00	314.00	10.00	314.00
標準偏差	3.16	17.72	3.16	17.72

このように，平均値だけを比較しても，集団の特徴や関係を示していないことがある。

このような場合，平均値で集団の特徴を示そうとするときに重要な意味をもってくるのが，数値のばらつきである。AクラスとBクラスのデータを見ると，Aクラスの得点の範囲は60点から70点と狭いことがわかる。それに比べて，Bクラスの得点の範囲は50点から100点まで非常に広い。このように集団の姿を理解する場合，平均値だけでなくばらつきも重要である。

このような数値のばらつきの程度を示す数値を分散という。分散は，個々の得点と平均値の差（この値を偏差という）を2乗し，その値を測定数で除す。つまり，表11-3で示したAクラスの分散は，

$$\{(65-70)^2+(65-65)^2+(65-65)^2+(65-65)^2+(65-60)^2\}/5=10$$

ということになる。

また，統計的に処理する場合，数値のばらつきを表す数値として，分散の平方根である標準偏差を用いることが多い。つまり，$\sqrt{10}=3.16\cdots$である。

分散や標準偏差は，数字が大きくなればなるほど，集団の中の数値のばらつきが大きいことを示している。このようにしてみると，AクラスとBクラスでは，Aクラスの方が標準偏差の数値が小さい。Aクラスは全体に平均値あたりの得点の生徒が多く，平均値で示される一定の学力がクラス内の多くの生徒に身についている。一方，Bクラスはクラス内の生徒の学力に違いがあり，多くの生徒が一定の学力を身につけたとはいえないことがわかる。

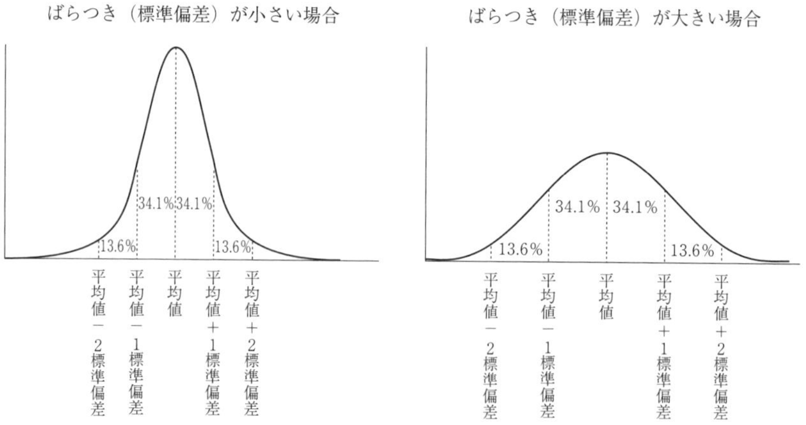
ばらつき（標準偏差）が小さい場合
34.1%
34.1%
13.6%
13.6%
平均値－2標準偏差
平均値－1標準偏差
平均値
平均値＋1標準偏差
平均値＋2標準偏差
ばらつき（標準偏差）が大きい場合
34.1%
34.1%
13.6%
13.6%
平均値－2標準偏差
平均値－1標準偏差
平均値
平均値＋1標準偏差
平均値＋2標準偏差

図11-3　正規分布曲線の模式図

3　集団の中の位置を示す

学力テストの得点のように，理論上数値が連続的に変化するようなデータ（連続データという）は，問題数や配点，クラスの人数が増えることによって軸状の区間は細かくなり，得られるグラフが曲線に近づいていく。このようにして得られる曲線を分布曲線というが，その代表的な曲線に正規分布曲線がある。正規分布曲線は，左右対称のつりがね状の曲線として示される。この正規分布曲線状で標準偏差が示す数字は，平均値±標準偏差の範囲にどれくらいのデータが入るかを意味している（図11-３）。そして，この正規分布曲線における比率が，相対評価を行う際の比率の基本となっている。

4　２つの数値の関連を調べる

教育評価の中で，２つの数値の間に関係があるかどうかを知りたいことがあるかもしれない。たとえば，国語と数学の成績に関係があるのかといった場合である。このような２つの数値の関係を示す数値を相関係数という。相関係数を取り扱う場合には，①方向性，②関係の強さ，③信頼性の３点に注意を払う必要がある。

方向性とは，２つの数値の関連について，一方が増えれば他方も増えるという正比例の関係にあるのか（この場合を正の相関といい，相関係数はプラスを

示す），それとも一方が増えれば他方が減るという反比例の関係にあるのか（この場合を負の相関といい，相関係数はマイナスを示す）ということである（図11-4上）。

　関係の強さとは，文字どおり2つの数値の関係の強さを示している。

表11-4　相関係数の値と関連度

相関係数値	関連度
±1.00〜±0.70	強い関連がある
±0.70〜±0.40	かなり関連がある
±0.40〜±0.20	弱い関連がある
±0.20〜　0.00	ほとんど関連なし

言い換えれば，2つのデータの一方の数値の変化が他方の数値の変化とどれくらい密接に関係しているかということである。散布図上でいえば，どれくらい直線的に並ぶかどうかということである（図11-4下）。相関係数は，−1.00〜＋1.00までの値として示され，関係が強ければ強いほど数値の絶対値が大きくなる（表11-4）。信頼性とは，得られた相関係数が信頼できる数値であるかどうかということである。

　また，相関係数の算出に利用するデータの種類によって算出方法も異なる。

a　ピアソンの積率相関係数　使用するデータが間隔尺度や比例尺度の場合

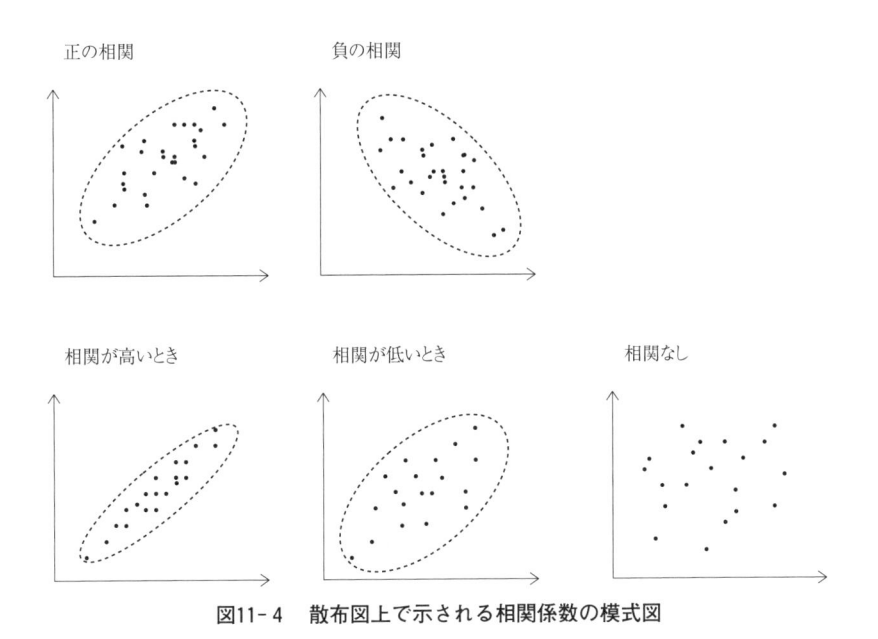

図11-4　散布図上で示される相関係数の模式図

表11-5　国語と英語の成績の例

	国語の成績	英語の成績	国語の偏差	英語の偏差	国語の偏差×英語の偏差	国語の順位	英語の順位	国語の順位－英語の順位
A	70	63	5	3	15	2	3	－1
B	65	65	0	5	0	3	2	1
C	80	70	15	10	150	1	1	0
D	50	55	－15	－5	75	5	4	1
E	60	47	－5	－13	65	4	5	－1
合　計	325.00	300.00	0	0	305			
平均値	65.00	60.00	―	―	61.00			
分　散	100.00	65.60						
標準偏差	10.00	8.10						

には，ピアソンの積率相関係数を求める。表11-5の国語と英語の点数を用いて，実際にピアソンの積率相関係数を算出してみよう。

まず，各生徒の国語と英語の偏差（個々の得点から平均値の差）を算出し，生徒ごとに国語の偏差と英語の偏差を乗じた後に，全生徒のその値を総和する。

$(70-65) \times (63-60) + (65-65) \times (65-60) + (80-65) \times (70-60) + (50-65) \times (55-60) + (60-65) \times (47-60) = 305$

こうして得られた305を，生徒の数5で除す。

$305 / 5 = 61$

この値を，国語の標準偏差（10.00）と英語の標準偏差（8.10）を乗じた数字で除すと，ピアソンの積率相関係数となる。

$61 / (10 \times 8.10) = 0.75$

この値から，国語と英語の点数には非常に高い正の相関があり，国語の点数が高くなると，英語の点数も高くなるということがわかる。

b　スピアマンの順位相関係数　使用するデータが順序尺度の場合には，スピアマンの順位相関係数を求める。それでは，同じテストの成績順を使って，国語と英語の順位の関係をみてみよう。

まず，各生徒の国語の順位から英語の順位を減算した値を2乗した後に，全生徒のその値の総和を求める。

$$(2-3)^2+(3-2)^2+(1-1)^2+(5-4)^2+(4-5)^2=4$$

これに6を乗じた値を,全生徒数5を3乗した値(125)から全生徒数5を減算した値で除した値を1から減算した値が,スピアマンの順位相関係数である。

$$1-\{4\times 6/(125-5)\}=0.80$$

この値から,国語と英語の成績順には非常に高い正の相関であり,国語の順位が上がると,英語の順位も上がるということがわかる。

ここで重要な点は,スピアマンの順位相関は順序データを用いた分析なので,テストの得点が高さの関係ではなく,あくまでもクラス内の順位の関係を表しているということである。そこが,ピアソンの積率相関係数とスピアマンの順位相関係数の違いである。たとえば,英語の成績が最も良かったCさんの点数(70点)がもし100点だったとすると,ピアソンの積率相関係数は0.83に変化するが,スピアマンの順位相関係数の値は全く変わらない。

5 統計処理上の注意点

測定し数値化することは,非常に客観的でわかりやすく,大変有意義な情報を提供してくれる。しかし,測定する上では,何をどのように数値化したのか,また,数値がもつ意味はどのようなことなのかが重要である。その点に注意しながら分析や解釈を行わなければ,数字が一人歩きしてしまい,大きな間違いを犯すことになる。実際,これらの統計手法を用いる場合には細心の注意を払い,統計に関する詳しい本などを参考にしながら,教育評価を進めていく必要がある。

12章 教員採用の現状と対策

　この章では，教員免許を取得しようとする人たち，とりわけ教職をめざして教員採用試験を受験しようとする人たちのために，改訂された法律を中心にそれを解説する。また，教員採用の現状とその対策について，できる限り分かりやすく示したい。

1節　教育基本法と教育職員免許法

1　教育基本法

　教員採用試験受験経験者であれば誰もが思い出すのは，「教育基本法」である。その中でも「教育の目的」を定めた第1条は，暗記重要箇所として記憶にとどめているに違いない。7章の1節でも少しふれたが，1947（昭和22）年に制定され，約60年の長きにわたって施行されてきた教育基本法が，2006（平成18）年に改訂された。教育基本法は日本国の教育の根幹をなす法律であり，わが国の教育の指針となってきた法律である。この法律を改訂するにあたって多くの議論がなされたことは，周知のとおりである。

　新しい教育基本法は，前文に始まり全4章で構成され，18条の条文からなっている。これまでの教育基本法が11条からできていたことを考えると，内容的にも多くなっていることが特徴的である。その理由として，教育を取り巻く社会の環境が大幅に変わってきたこと（科学技術の進歩，情報化，国際化，少子高齢化，核家族化，価値観の多様化，社会全体の規範意識の低下など）があげられる。この社会環境の変化は，さらにさまざまな環境，とりわけ子どもたちを取り巻く環境に影響をもたらしている。たとえば，①家庭：教育力の低下，育児に不安や悩みをもつ親の増加など，②学校：いじめや校内暴力などの問題行動，教員の指導力の問題など，③地域社会：教育力の低下，近隣住民間の連帯感の希薄化，地域の安全への不安，④子ども：基本的生活習慣の乱れ，学ぶ

意欲の低下や学力低下傾向，体力の低下，社会性の低下，規範意識の欠如などがあげられる。

以上の現状をふまえ，①「知・徳・体の調和がとれ，生涯にわたって自己実現を目指す自立した人間」，②「公共の精神を尊び，国家・社会の形成に主体的に参画する国民」，③「我が国の伝統と文化を基盤として国際社会を生きる日本人」の育成をめざして，教育基本法は改正された。

次に，新教育基本法の各章についてみてみよう。第1章は，「教育の目的及び理念」について記している。その内容は，第1条：教育の目的，第2条：教育の目標，第3条：生涯学習の理念，第4条：教育の機会均等である。第2章は，「教育の実施に関する基本」について記しており，その内容は，第5条：義務教育，第6条：学校教育，第7条：大学，第8条：私立学校，第9条：教員，第10条：家庭教育，第11条：幼児期の教育，第12条：社会教育，第13条：学校，家庭及び地域住民等の相互の連携協力，第14条：政治教育，第15条：宗教教育である。第3章は，「教育行政」について記しており，その内容は，第16条：教育行政，第17条：教育振興基本計画である。第4章は「法令の制定」であり，第18条：法令の制定である。以上が各章，各条文項目のすべてであるが，新教育基本法をさらに理解しやすくするために，文部科学省が配布している資料『新しい教育基本法』をひもといてみる。

資料『新しい教育基本法』の中に「概要」を示した頁がある。新教育基本法の理解を深めるためにも，この頁を使用して，「新たに規定したもの及び新設条文」を《　》で示し，この法律を概観してみよう。

【第1章　教育の目的・理念】
(1) 教育の目的・理念を明示

①教育の目的として「人格の完成」，「国家・社会の形成者として心身ともに健康な国民の育成」を規定。②この教育の目的を実現するために今日重要と考えられる事柄を「教育の目標」として規定。

〈教育の目標の例〉
・《幅広い知識と教養》，《豊かな情操と道徳心》，《健やかな身体》
・《能力の伸長》，自主・《自律の精神》，《職業との関連を重視》
・正義と責任，自他の敬愛と協力，《男女の平等》，《公共の精神》

・《生命や自然の尊重》,《環境の保全》
・《伝統と文化の尊重》,《我が国と郷土を愛し,他国を尊重》
・《国際社会の平和と発展に寄与》
(2) 「生涯学習の理念」,「教育の機会均等」を規定

【第2章 教育の実施に関する基本】

教育を実施する際に基本となる事項として,これまでの教育基本法にも定められていた「義務教育」,「学校教育」,「教員」,「社会教育」,「政治教育」,「宗教教育」に関する規定を見直すとともに,新たに《大学》,《私立学校》,《家庭教育》,《幼児期の教育》,《学校,家庭及び地域住民等の相互の連携協力》について規定している。

【第3章 教育行政】

教育行政における国と地方公共団体の役割分担,《教育振興基本計画》の策定等について規定している。

【第4章 法令の制定】

この法律の諸条項を実施するために必要な法令の制定について規定している。

繰り返しになるが,上記《 》の箇所が「新たに規定したもの及び新設条文」である。教職をめざす人たち,とりわけ教員採用試験を受験する人たちは,この「新たに規定したもの及び新設条文」の理解と対策に十分な時間をかけるべきであろう。教職教養の出題頻度からみても,「教育法規」は決しておろそかにできない領域である。

2 介護等体験

教育職員免許法の改正により,1998(平成10)年4月1日から「小学校及び中学校の教諭の普通免許状授与に係る教育職員免許法の特例等に関する法律」(通称「介護等体験特例法」)が施行された。この法律の趣旨について,第1条には,「義務教育に従事する教員が個人の尊厳及び社会連帯の理念に関する認識を深めることの重要性にかんがみ,教員としての資質の向上を図り,義務教育の一層の充実を期する観点から,小学校又は中学校の教諭の普通免許状の授与を受けようとする者に,障害者,高齢者に対する介護,介助,これらの者との交流を行わせる措置を講ずるため……」と述べられている。

文部科学省が小学校・中学校の普通教員免許の取得希望者に「介護等体験」を義務づけた目的は，「義務教育に従事しようとする教員希望者に個人の尊厳や社会連帯の理念を深く認識させる」ことにある。つまり，義務教育の教員希望者に，学校という狭い社会の現実対応や自己の専門科目の単位修得だけを目標とするのではなく，それ以外の社会のしくみや実態をきちんと認識させることを目的としているのである。保護や介護を必要としている人たちや，障害をもっている人たちと身近に接し，手をさしのべる体験は，現代の若者にとって貴重な体験となろう。

　さらに，この法律の第4条には，〈教員の採用時における介護等の体験の勘案〉として「小学校又は中学校の教員を採用しようとする者は，その選考に当たっては，この法律の趣旨にのっとり，教員になろうとする者が行った介護等の体験を勘案するよう努めるものとする」と明記している。つまり，教員になろうとする者が，いつどのような介護等の体験をし，そのことから何を学び，それをどのように活かしていこうとしているのかなどについて明確にし，これらを採用時の可否に勘案しなさい，ということである。

　文部科学省令では，介護等体験期間について以下のような規定を設けている。①介護等体験の期間は7日間である。②介護等体験の期間は社会福祉施設5日間，特殊教育諸学校2日間とすることが望ましい。③介護等体験の期間は7日間を超えて行ってもよい。また連続7日間でも数度にわたって通算7日間でもよい。

　ここでいう「社会福祉施設」と「特殊教育諸学校」については，以下に示すとおりである。
〈社会福祉施設〉
　①老人福祉施設(養護老人ホーム，特別養護老人ホームなど)
　②児童福祉施設(児童養護施設，乳児院など)
　③保護施設(救護施設，更生施設など)
　④身体障害者更生施設(肢体不自由者更生施設，身体障害者授産施設など)
　⑤知的障害者援護施設(知的障害者更生施設，知的障害者授産施設など)
　⑥精神障害者社会復帰施設(精神障害者生活訓練施設，精神障害者授産施設など)
〈特殊教育諸学校〉
　①盲学校

②ろう学校
③養護学校（知的障害養護学校，肢体不自由養護学校，病弱養護学校）

3　教育実習

　教育実習の法律的根拠は，「教育職員免許法」にある。この第1条では，法律の目的について「教育職員の免許に関する基準を定め，教育職員の資質の保持と向上を図ること」と述べられている。教育職員とは，「学校教育法」第1条に定められている小学校，中学校，高等学校，中等教育学校，盲学校，ろう学校，養護学校，幼稚園の教諭や助教諭，養護教諭，養護助教諭，講師のことである。教育職員の免許状を取得するためには，「免許状を取得するために必要な科目」を修得しなければならない。その科目の教科名と単位数は，「教育職員免許法施行規則」に定められているが，施行規則に準拠するかたちで各大学に委ねられているのが通常である。教育実習もこの「免許状を取得するために必要な科目」として位置づけられている。教育実習は，実習校から提出される「成績評価報告書」に基づき，大学において審議され，単位を認定する。

　教育実習の意義については，文部大臣の諮問機関であった教育職員養成審議会の建議「教員養成の改善について」（昭和47年7月）に詳しい。この中で教育実習の意義について，「教育実習は，学生に教職についての啓発的な経験を与え，教職に対する意欲と使命感を喚起し，児童・生徒に対する理解を深め，教員として必要な専門的知識・技術を修得させる上で重要な意義を有するものである」と，指摘している。

　教育実習の目的については，同審議会の教育実習に関する専門委員会報告「教育実習の改善充実について」に詳しく述べられている。この報告書では，教育実習の目的を，以下の4項目にまとめている。

(1)　学校教育の実際について，体験的・総合的な認識を得させること。
(2)　大学において修得した教科や教職に関する専門的な知識や理論，技術を児童・生徒等の成長・発達の促進に適用する実践的能力の基礎を形成すること。
(3)　教育実践に関する問題解決や創意工夫に必要な研究的な態度と能力の基礎を形成すること。
(4)　教育者としての愛情と使命感を深め，自己の教員としての能力や適性に

ついての自覚を得させること。

　教育実習の意義と目的について考えるとき，筆者のゼミ生であったA君やB君の顔が目に浮かぶ。A君は，教育実習をおこなうために故郷，北海道の母校に帰る前日まで，「単位を修得して，教員免許は手にしたいと思いますが，絶対に教師にはならないでしょう。自分は教師に向いていないと思うんです」と言っていた。それが，教育実習を終えて帰ってきた最初のゼミで，彼はいきなり，「先生，僕は考えが変わりました。何がなんでも教師になります。何年かかってもチャレンジしますよ」である。筆者も含め，周りの学生たちもその変わり様に驚いた。その後，A君は一念発起して猛勉強のすえ，ある教育大学の修士課程に進み，それを終えると故郷の中学校に教師として赴任し，現在はある島の中学教師として頑張っている。

　B君は，A君とはまったく逆のケースである。B君の場合，教育実習が始まるまでは「僕は何がなんでも教師になります。教師になることが小さい頃からの夢で，今まで頑張ってこられたのもその夢のためですから」と言っていた。ところが，教育実習を終了してからは，「教育実習に行ってみて，僕はつくづく教師に向いていないことが分かりました。これから教師以外の道を探します」と言って他の道に進み，今では消防士の道を歩んでいる。

　A, B両君の教育実習がどのような内容のものであったのかは分からないが，ここで重要なことは，数週間の実習の中で，教師としての適性を見極めることができたということである。教師の仕事は，一言でいえば激務である。A君は激務以上の喜びを教育実習の中で体験したのであろう。B君は教育実習のなかで二度と経験したくない体験をしたのであろう。このように，教育実習は一生を決めるほどの影響力をもっている。教育実習の目的の(4)は，まさにそのことをいっているのである。

4　教員免許更新制

　2007（平成19）年6月の改正教育職員免許法の成立により，2009（平成21）年4月から教員免許更新制が導入されることになった。教員免許更新制については，未だ不確定な事項の多い制度であるが，現在までに決定されている事柄について，文部科学省のホームページからみてみよう。

① 教員免許更新制の導入（教育職員免許法改正）の目的
・「その時々で教員として必要な資質能力が保持されるよう，定期的に最新の知識技能の修得を図り，教員が自信と誇りを持って教壇に立ち，社会の尊敬と信頼を得ることを目指す」
② 教員免許状（平成21年4月1日以降に授与されたもの）の有効期間
・「普通免許状及び特別免許状に10年間の有効期間を定める」
③ 有効期間の更新
・「免許状の有効期間は，その満了の際，申請により更新することができる」
・「免許管理者（都道府県教育委員会）は，最新の知識技能の修得を目的とする免許状更新講習を修了した者等について，免許状の有効期間を更新する」
・「災害その他やむを得ない事由があると認められる場合には，有効期間を延長できる」
④ 施行前（平成21年3月31日まで）に授与された免許状を有する教員の取り扱い
・「施行前に授与された免許状を有している教員は，10年ごとに免許状更新講習を修了したことの確認を受けなければならない」
・「講習を修了できなかった者の免許状は，その効力を失う」

「教員免許更新制」に関する要点をまとめてみると以下のようになる。
【教員免許状の有効期間】

> a　更新制を導入するため，普通免許状及び特別免許状の有効期間を，授与から10年後の年度末とする。
> b　複数の免許状を有する者の有効期間は，最後に知識技能を得て授与された免許状を基準とし，最も遅く満了となる有効期間に統一する。

【有効期間の更新】

> a 更新を受けようとする者は，更新を行う免許管理者が定める書類を添付して更新の申請をする必要がある。
> b 更新できる者は，《免許状更新講習を修了した者》，《知識技能等を勘案して免許管理者が認めた者（免除対象者）》とする。
> c やむを得ない事由により免許状更新講習の課程を修了できないと認められるときは，相当の期間を定めて，免許状の有効期間を延長できる。

【免許状更新講習について】

> a 免許状更新講習は，教員として必要な最新の知識技能の修得を目的とし大学等が文部科学大臣の認定を受けて開設すること。
> b 免許状更新講習の時間は，30時間以上とされている。
> c 受講対象者は教育職員等教育の職にある者，教育職員になる予定の者である。ペーパーティーチャーや，指導改善研修を命ぜられた者は免許状更新講習を受講できない。

【施行前に授与された免許状を有する者の取り扱い】

> a この法律の施行前に授与されている普通免許状又は特別免許状を有する者の免許状には，有効期間の定めがないものとする。
> b 上記の者は，更新講習の修了確認を，文部科学省令で定める日（今後決定予定）及びその後10年ごとの日（修了確認期限）までに，受ける必要がある。
> c 旧免許状を有する教育職員等が，修了確認期限までに更新講習の修了確認を受けなかった場合には，その者の有する免許状はその効力を失う。

以上のように「教員免許更新制」の一応の骨組みはできたが，細部にわたる事項は今後に決定されるようである。いずれにしても，従来のように「教員免許だけは取得しておこう」という学生にとっては，人生の設計図をきちんと作成することを余儀なくされることになるであろう。もっと端的にいえば，「教員免許取得後，10年間の内に教師になりたい人はなりなさい。この期間に教職

につかない場合，教員免許は失効するので，新たに更新講習を終了した上で，免許状の再授与を受けなさい」ということであろう。また，子育てが一段落し，既得の教員免許を活かして非常勤講師になることもままならない状況になるわけであるが，この場合も，新たに更新講習を受講し，免許状の再授与を受けることが必要となる。「教員免許更新制」に関する詳細については，文部科学省がQ&Aで疑問に答えているので参考にしてほしい。

5　教師の再教育

「教育公務員特例法」という法律がある。この法律は，全7章からなっている。この法律の第4章では「研修」について規定している。第4章の第21条では「研修」そのものについて，第22条では「研修の機会」，第23条では「初任者研修」，第24条では「10年経験者研修」，第25条では「研修計画の体系的な樹立」について規定している。

教師の再教育という観点からみると，第24条「10年経験者研修」がこれにあたる。第24条には，「公立小学校等の教諭等の任命権者は，当該教諭等に対して，その在職期間が10年に達した後相当の期間内に，個々の能力，適性等に応じて，教諭等としての資質の向上を図るために必要な事項に関する研修（10年経験者研修）を実施しなければならない」とあり，その後には，任命権者の役割が明記されている。文部科学省のホームページから，10年経験者研修の概要についてみてみよう。

【10年経験者研修の概要】

> 趣旨：教諭等の個々の能力，適性等に応じて，教諭等としての資質の向上を図るために必要な事項に関する研修を行う
> 対象者：公立の小学校等の教諭等のうち，在職期間が10年に達した者
> 実施者：各都道府県，指定都市，中核市教育委員会
> 根拠法：教育公務員特例法第24条
> 実施内容例：（長期休業期間中）年間20日程度，教育センター等で模擬授業や教材研究などを実施
> 　　　　　　（課業期間中）年間20日程度，主として学校内で研究授業や教材研究などを実施

文部科学省は2006（平成18）年度に，この研修制度の実態調査を行った。2006（平成18）年度の10年経験者研修の対象者総数は，全国で14,672名であり，研修日数については，小・中・高・特殊教育諸学校・中等教育学校の平均が約36日間，幼稚園が約18日間であった。研修内容としては，「教科指導」や「生徒指導・教育相談」，「特別支援教育」がほとんどすべての県市で取り上げられている。以下の表は研修内容を網羅したものである。現在の学校現場における指導者たちの苦慮している内容が，この表から読み取れるであろう。

【研修内容（複数回答）】

> 教育課程の編成，教科指導，道徳教育，特別活動，総合的な学習の時間，カウンセリング，生徒指導・教育相談，進路指導・キャリア教育，特別支援教育，人権教育，環境教育，国語力向上に関する教育，情報教育，国際教育，福祉教育，男女平等・男女共同参画，社会奉仕に係わる教育，地域理解に係わる教育，食育，学校保健・安全指導，公務員倫理，対人関係能力，家庭・地域との連携，学校間連携，学級経営，学校経営など

2節　教職をめざす人のために

1　教員採用の現状

　少子化現象の拡大とともに，教員希望の人たちに採用暗黒時代が到来したことは周知のことである。そして，暗黒時代は現在でも続いていると考えたほうがよいのかもしれないが，図12-1をみてほしい。この図は，1999年以後の教員採用試験受験者数，採用者数，試験の倍率の推移について示したものである。この図は，小・中・高すべての教科のものであるから，細部に関しての実態はみえてこない。ただ明確にいえることは，年を追うごとに採用者数が増加し，競争倍率が低下しつつあるということである。

　過去において教員採用者ゼロという年が続き，教育現場の教師年齢構成は上に押しやられ，わが国の教育はこれから先どうなるのかという不安を多くの国民が抱いた。その不安の理由は，「若い教師のエネルギーは何ものにも代え難い」，さらに，「若い教師がいるだけで教育現場は活気あるものに変わる」とい

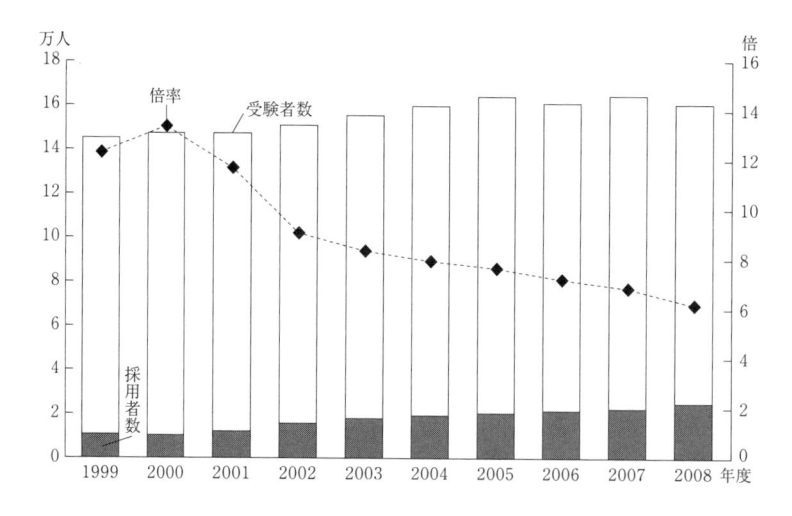

図12-1　教員採用試験受験者数等の推移

うことを多くの人が知っているからである。幸か不幸か，ここにきて，団塊世代の定年退職が現実のものとなり，教員採用枠にも余裕が生じた結果，上記のような現象が起こっていると考えられる。

2　教員採用試験の傾向と対策

　教員採用試験の傾向は，都道府県やその時代によって異なる。しかし，本当に採用したい人材は，地域差があっても大きな違いはないと考えられる。このことからも，求められる人材を選別する方法である教員採用試験を分析することは，受験生だけでなく教職を履修している学生にとっても意義のあることと思われる。本項では，わが国の首都である東京都において，2008（平成20）年度に採用されるであろう教員採用試験合格者が，どのような試験を受けたのかについてみることにする。

　東京都の採用試験の場合，過去においては，中学校と高等学校の採用試験を明確に区分していたが，現在では中・高共通の形式で実施されるようになっている。このことは，採用試験受験生が試験に合格した際，中学校か高校のどちらに採用されるのかが分からないことを示している。

　まず，東京都教員採用試験の概略についてみてみよう（『教職課程』2007年11

月号，協同出版を参考にした）。試験は１次試験と２次試験から構成されている。１次試験合格者に対してのみ２次試験が課される方法は一般的である。

　a　１次試験　マークシート方式の試験（教職教養と専門教養）と小論文である。教職教養は五肢択一式（30問），専門教養については，四肢択一式である。時間は各々60分である。ここでは，教職科目と最も関係の深い教職教養について，その傾向をみることにする（専門教養については教科による違いがあるので，その傾向については省略する）。

　東京都では2008年度から一般教養の試験は廃止され，教職教養のみの実施となった。問題数は，全30問（最後の３問は小中高の校種別選択問題）である。その詳細は，教育法規（教育基本法，学校教育法，地方公務員法，教育公務員特例法，教育職員免許法，社会教育法，学校図書館法など）から10問，教育心理（発達，適応機制，心理検査，心理療法など）から５問，教育学（教育課程，教育方法，安全教育，学級経営，生徒指導）から５問，教育史（日本教育史，西洋教育史）から２問である。残る問題は，諸外国の教育改革や教育時事などからの出題になっている。マークシート方式とはいえ，問題数が多いので正しい知識が求められることになろう。小論文は，時間が90分，1200字〜1500字でA，Bから一題を選択し，１および２の項目別に各700字程度で論述する。表12-１はその問題の概略である。A，Bいずれの問題にしても，学校現場の問題点と対処法に関して常日頃，目をこらし，耳を澄まして情報を得ること，また，それらについて自己の考えをきちんとまとめておく必要がある問題である。

　b　２次試験　個人面接，集団面接と実技試験である。個人面接は，面接官３人で行われる。時間はおよそ40分間で，最初，初めてクラス担任として生徒に自己紹介をすることを想定して自己紹介をおこなう（２分）。その後，あらかじめ作成してある「単元指導計画（６〜８時間)」の質疑応答・模擬授業（模擬授業を実施しない受験生もいることから，その時の状況によって判断しているようである）になる。さらに，面接表についての質疑応答や場面指導が挿入されているが，ほとんどが単元指導計画に対する質問である。場面指導のテーマは多岐にわたる。たとえば，「ベテランの教師があなたと違う意見をもっていたらどうしますか」や「二人の生徒が殴り合いのけんかをしています。どうしますか」，「授業中にけが人が出たとき，どうしますか」など，毎日学校で起

表12-1　小論文問題（東京都，2007実施）
※『教職課程』2007年11月号　協同出版より

> A　今，学校教育には，児童・生徒の学習と将来の生活との関連を図りながら，知識や技能を修得できるようにする指導の充実が求められています。1．このことについて，社会的な背景やこれまでの経験などに基づき，理由を明らかにして，あなたの考えを700字程度で述べなさい。2．1で述べた考えに立って，あなたは教師としてどのように実践していくか，問題を明らかにした上で，志望する校種・教科等に即して，700字程度で具体的に述べなさい。
> B　今，学校教育には，児童・生徒に，学習や生活などに前向きに取り組む力のもととなる，健全な自尊感情を高めることが求められています。1．このことについて，社会的な背景やこれまでの経験などに基づき，理由を明らかにして，あなたの考えを700字程度で述べなさい。2．1で述べた考えに立って，あなたは教師としてどのように実践していくか，課題を明らかにした上で，志望する校種・教科等に即して，700字程度で具体的に述べなさい。

こりうる出来事についての質問が多いようである。集団面接は，面接官3人に受験者5人で行われる（60分）。その流れとしては，最初に各自の考えをまとめる（5分），各自が発表する（2分），グループの考えをまとめる（20分），質疑応答（20分）である。テーマの例としては，「日本人がスポーツ・文化において世界で活躍していることが与える影響や変化について，その影響や変化が大きいと思われる順に3つ述べなさい」である。

実技試験については，音楽，美術，保体，英語などで実施されている。保体を例にとると，①器械運動（マット運動：あらかじめ指定された技の中から5〜6の技を各自組み合わせて演技構成），②陸上競技（ハードル），③水泳（飛び込みなしでクロール25mと平泳ぎ25mの連続），④球技（バスケットボール，左右のドリブルシュート），⑤柔道・剣道・ダンスのうち一種目を選択，である。球技については，ここ数年バスケットボールが採用されているが，他の種目も準備しておく必要があると思われる。

東京都の採用試験について詳細にみてきたが，近年重要視されている「模擬

授業」についてみると，受験生によってその体験は同じではない。「模擬授業」の評価には，その受験生の経験が大きく影響する。たとえば，教育実習だけの経験しかない受験生と，非常勤講師を数年間経験している受験生とでは，後者の方が絶対的に有利である。そのようなことから人物を判断し，「模擬授業」を課すか否かを判断しているのかもしれない。そうであれば，新卒の人や初めて採用試験を受ける受験生（非常勤講師などの経験のない）に「模擬授業」が課せられる可能性は高い。

3　教育心理学からみた教員採用試験

この章では，教員採用試験対策の一環として，改訂された法律を中心にその重要箇所についてみてきた。最後に，教育心理学の立場から，教員採用試験に頻出する項目を抜粋し，試験対策の一助としたい。

東京都および横浜市・川崎市の採用試験に出題された問題（過去5年間）を項目別にみると以下のとおりである。

《東京都》
- ①人名：マズロー，フロイト，ピアジェ，ケーラー，ヴント，シュテルン，ゲゼル，ヴィゴツキー，エリクソン，ローレンツ
- ②学習：問題解決学習，発見学習，レディネス，ハロー効果，ピグマリオン効果，プラトー，レミニッセンス，学習の理論，インプリンティング
- ③発達：発達に関する理論（人名と関係づけて）
- ④臨床：カウンセリング，教育相談と面接，心理療法，箱庭療法，森田療法，遊戯療法，行動療法

《横浜市・川崎市》
- ①人名：エビングハウス，フロイト，ソーンダイク，ケーラー，ウエルトハイマー，スキャモン，マズロー，バンデューラ，エリクソン，クレッチマー，ギルフォード，レヴィン，サーストン，ダーマン，ビネー，スキナー，パヴロフ，ヴィゴツキー，シュテルン，ハヴィガースト，
- ②学習：学習指導法，プログラム学習，忘却曲線，動機づけ，KJ法，バ

　　　　ズ学習，発見学習，
　③発達：ギャングエイジ，自我同一性
　④臨床：ラポール，受容的態度，共感的理解，精神分析，行動療法，クラ
　　　　イアント中心療法、遊戯療法
　⑤歴史：構成心理学，精神分析学，ゲシュタルト心理学，
　⑥パーソナリティ：心理検査

　このようにみると，教員採用試験における教育心理学領域の出題項目に特徴がみられる。教育心理学の根幹をなしている「学習」，「発達」に関しては，出題されるであろうと思われる箇所がきちんと出題されている。近年めざましい発展をみせている臨床領域では，カウンセリングや心理療法の問題が多くみられる。

　これらのことを前提にして教員採用試験対策を考えるとき，授業の中で目にするキーワードについて，毎時間ごとにきちんと整理し，理解を積み重ねることが，受験生にとって最も重要な対応策となることに気づくであろう。

⫷参考文献⫸

◀1章▶

高嶋正士・藤田主一（編） 1996 発達と教育の心理学 福村出版
石隈利紀 1999 学校心理学──教師・スクールカウンセラー・保護者のチームによる心理教育的援助サービス 誠信書房
大村彰道（編著） 2000 教育心理学研究の技法 福村出版
日本教育心理学会（編） 2003 教育心理学ハンドブック 有斐閣
日本学校心理学会（編） 2004 学校心理学ハンドブック 教育出版
鹿毛雅治（編著） 2005 教育心理学の新しいかたち（心理学の新しいかたち7） 誠信書房
森敏昭・秋田喜代美（編） 2006 教育心理学キーワード 有斐閣

◀2章▶

柏木惠子・古澤頼雄・宮下孝広（編著） 1996 発達心理学への招待 ミネルヴァ書房
日本教育心理学会（編） 2003 教育心理学ハンドブック 有斐閣
高橋惠子・波多野誼余夫 1990 生涯発達の心理学 岩波新書
高嶋正士・藤田主一（編） 1996 発達と教育の心理学 福村出版
土屋明夫（編著） 2005 発達と学習──教育場面での心理学 八千代出版

◀3章▶

中島義明・繁桝算男・箱田裕司（編） 2005 新・心理学の基礎知識 有斐閣
東洋・繁多進・田島信元（編） 1992 発達心理学ハンドブック 福村出版
津本忠治 早期教育は本当に意味があるのだろうか 井原康夫（編著） 2005 脳はどこまでわかったか 朝日選書
藤永保ほか（編著） 1996 人間発達と初期環境 有斐閣
柏木惠子・古澤頼雄・宮下孝広（編著） 1996 発達心理学への招待 ミネルヴァ書房
仙田満 1992 子どもと遊び 岩波新書

◀4章▶

伊藤直樹（編著）　2006　教師を目指す人のための青年心理学　学陽書房
内田樹　2007　下流志向――学ばない子どもたち働かない若者たち　講談社
佐藤学　2000　「学び」から逃走する子どもたち　岩波ブックレット No.524
杉原保史　2003　こころの科学113号　日本評論社
関忠文・岡村一成・大村政男（編）　1988　青年心理学セミナー　福村出版
山田昌弘　1999　パラサイト・シングルの時代　ちくま新書

◀5章▶

ティンバーゲン, N.　永野為武（訳）　1975　本能の研究　三共出版
古武弥正・新濱邦夫　1976　条件反射――行動科学の原理　福村出版
シング, J.A.L.　中野善達・清水知子　1977（訳）　狼に育てられた子　福村出版
イタール, J.M.G.　中野善達・松田清　1978（訳）　新訳アヴェロンの野生児　福村出版
梅本堯夫・大山正（編著）　1994　心理学史への招待――現代心理学の背景　サイエンス社
森敏昭・井上毅・松井孝雄（共著）　1995　グラフィック認知心理学　サイエンス社
中島義明・繁桝算男・箱田裕司（編）　2005　新・心理学の基礎知識　有斐閣
日本応用心理学会（編）　2007　応用心理学事典　丸善

◀6章▶

マレー, H. A.　外林大作（訳編）　1961　パーソナリティ1　誠信書房
マレー, H. A.　外林大作（訳編）　1962　パーソナリティ2　誠信書房
ブルーナー, J. S.　鈴木祥蔵・佐藤三郎（訳）　1963　教育の過程　岩波書店
ストリュロウ, L. M.　東洋・芝祐順（訳）　1963　プログラム学習の心理学――フィードバックのある学習　国士社
板倉聖宣・上廻昭（編）　1965　仮説実験授業入門　明治図書
倉石精一・芧阪良二・梅本堯夫（編）　1971　教育心理学　新曜社
マクレランド, D. C.　林保（監訳）　1971　達成動機　産業能率短期大学出版部
小池栄一・中村次郎（編）　1974　ティーチングマシンと学習プログラム　学習研究社
水越敏行　1975　発見学習の研究　明治図書
ワイナー, B.　宮本美沙子・林保（翻訳）　1989　ヒューマン・モチベーション――

動機づけの心理学　金子書房
中島義明・子安増生・繁桝算男・箱田裕司・安藤清志・坂野雄二・立花政夫（編）
　　1999　心理学辞典　有斐閣
多鹿秀継　2001　教育心理学――「生きる力」を身につけるために　サイエンス社
スキナー，B. F.　河合伊六・長谷川芳典・高山巌・藤田継道・園田順一・平川忠敏・杉若弘子・藤本光孝・望月明・大河内浩人・関口由香（訳）　2003　科学と人間行動　二瓶社

◀7章▶

オルポート，G. W.　今田恵（監訳）　1968　人格心理学（上・下）　誠信書房
宮城音弥　1960　性格　岩波新書
宮城音弥　1964　心理学入門　岩波新書
相場均　1963　性格　中公新書
星野命ほか　1982　パーソナリティの心理学　有斐閣新書
日本応用心理学会（編）　2007　応用心理学事典　丸善
高嶋正士・藤田主一（編著）　1996　発達と教育の心理学　福村出版
楠本恭久・藤田主一（編著）　2003　教師をめざす人のための教育カウンセリング　日本文化科学社

◀8章▶

昇地三郎（監修）　1987　新教育心理学　ナカニシヤ出版
広岡亮蔵　1968　教育学著作集1：学力論　明治図書
中内敏夫　1976　増補・学力と評価の理論　国土社
田中耕治（編）　2005　よくわかる教育評価　ミネルヴァ書房
中原克己　1983　到達度評価の実践　現代教育科学
高嶋正士・藤田主一（編）　1996　発達と教育の心理学　福村出版
塩見邦雄（編）　2005　教育心理学〔第2版〕　ナカニシヤ出版
鎌原雅彦・竹綱誠一郎　1999　やさしい教育心理学　有斐閣
村田孝次　1987　四訂版教養の心理学　培風館
金城辰夫（編）　1990　図説現代心理学入門　培風館

◀9章▶

高嶋正士・藤田主一（編）　1996　発達と教育の心理学　福村出版
楠本恭久（編著）　1999　生徒指導論12講　福村出版

森田洋司他　1999　日本のいじめ―予防・対応に生かすデータ集　金子書房
楠本恭久・藤田主一（編著）　2003　教師をめざす人のための教育カウンセリング　日本文化科学社
松尾直博　2004　いじめ　日本教育カウンセラー協会（編）　教育カウンセラー標準テキスト初級編　図書文化
日本応用心理学会（編）　2007　応用心理学事典　丸善
法務省法務総合研究所　2007　平成19年版犯罪白書

◀10章▶
栗原慎二　2005　新しい学校教育相談の在り方と考え方　ほんの森出版
楠本恭久・藤田主一（編著）　2003　教師をめざす人のための教育カウンセリング　日本文化科学社
現代教育研究会（代表　森田洋司）　2001　不登校に関する実態調査――平成5年度不登校生徒追跡調査報告書
文部省　1990　学校における教育相談の考え方・進め方　大蔵省印刷局
貴戸理恵・常野雄次郎　2005　不登校選んだわけじゃないんだぜ！　理論社
川手鷹彦　2003　イルカとライオン　自閉症, ADHD, 不登校など八つの事例　誠信書房
村瀬嘉代子　2002　ADHDとレッテルを貼られた子どもとその家族への対応　現代のエスプリ414　至文堂
今井五郎ほか（編著）　1986　学校教育相談の実際　学事出版

◀11章▶
田中耕治・水原克敏・三石初雄・西岡加名恵　2005　新しい時代の教育課程　有斐閣
田中耕治（編）　2005　よくわかる教育評価　ミネルヴァ書房
梶田叡一　1992　教育評価（第2版補訂版）　有斐閣
森敏昭・秋田喜代美（編）　2006　教育心理学キーワード　有斐閣
鎌原雅彦・竹綱誠一郎　2005　やさしい教育心理学（改訂版）　有斐閣
多鹿秀継　2001　教育心理学―「生きる力」を身につけるために　サイエンス社
ブルーム, B.S.・ヘスティングス, J. T.・マドゥス, G.F.　梶田叡一他（訳）　1973　教育評価法ハンドブック――教科学習の形成的評価と総括的評価　第一法規
森敏昭・吉田寿夫（編著）　1990　心理学のためのデータ解析テクニカルハンドブック　北大路書房

山内光哉　1987　心理・教育のための統計法　サイエンス社
中西信男・三川俊樹（編）　2005　新教職課程の教育心理学（第3版）　ナカニシヤ出版
梶田叡一　新しい学力観を考える　人間教育研究協議会（編）　1993　学力観の展開　金子書房

◀12章▶

文部科学省生涯学習政策局政策課　2006　新しい教育基本法　文部科学省
東京アカデミー（編）　2008　セサミノート①　教職教養　七賢出版
文部科学省　2008　ホームページ
中本貴也（編）　2007　教職課程　協同出版
協同教育研究会（編）　2007　東京都教員試験対策シリーズ　東京都　協同出版

人名索引

■あ行

アイゼンク（Eysenck, H. J.）22, 99
安香　宏（アコウ　ヒロシ）128
青木孝悦（アオキ　タカヨシ）97
アトキンソン（Atkinson, J. W.）78
アドラー（Adler, A.）12
アリストテレス（Aristoteles）10
板倉聖宣（イタクラ　キヨノブ）79
ヴィゴツキー（Vygotsky, L. S.）21, 27, 30, 42
ウェクスラー（Wechsler, D.）22, 105, 110
ウェルトハイマー（Wertheimer, M.）12
梅本堯夫（ウメモト　タカオ）83
ヴント（Wundt, W.）10
エビングハウス（Ebbinghaus, H.）10, 72
エリクソン（Erikson, E. H.）21, 29, 32, 48, 50, 58
オーズベル（Ausubel, D. P.）14, 48, 55, 79
オズボーン（Osborn, A. F.）82
オルポート（Allport, G. W.）22, 97, 99

■か行

川手鷹彦（カワテ　タカヒコ）145
城戸幡太郎（キド　マンタロウ）14
貴戸理恵（キド　リエ）143
キャッテル（Cattell, J. M.）13
キャッテル（Cattell, R. B.）22, 99, 108
キャノン（Cannon, W. B.）118
ギルフォード（Guilford, J. P.）101, 107
クラウダー（Crowder, N. A.）81
クレッチマー（Kretschmer, E.）22, 95
クロー（Kroh, O.）13
クロンバック（Cronbach, L. J.）14, 22
ゲゼル（Gesell, A. L.）21, 25, 31
ゲーツ（Gates, A. L.）10, 13
ゲーテ（Goethe, J. W.）50
ケーラー（Köhler, W.）12, 21, 71
コッホ（Koch, K.）104
コフカ（Koffka, K.）12
ゴールトン（Galton, F.）13, 108
コールバーグ（Kohlberg, L.）29, 33, 56

■さ行

サーストン（Thurstone, L. L.）106
サリバン（Sullivan, H. S.）12
ジェームズ（James, W.）11
シェルドン（Sheldon, W. H.）97
ジェンセン（Jensen, A. R.）26, 105
シモン（Simon, T.）13, 109
シュテルン（Stern, W.）26
シュプランガー（Spranger, E.）48, 55, 97
ジョンソン（Johnson, H. W.）69
シング（Singh, J. A. L.）26
スキナー（Skinner, B. F.）12, 21, 67, 70, 80, 83

人名索引

スキナー（Skinner, C. E.）14, 18,
杉原保史（スギハラ ヤスシ）62
スキャモン（Scammon, R. E.）24
スキールズ（Skeels, H. M.）106
鈴木治太郎（スズキ ハルタロウ）109
スタンバーグ（Sternberg, R. J.）116
スピアマン（Spearman, C. E.）106, 158
ソーンダイク（Thorndike, E. L.）13, 21, 68, 70, 147

■た・な行

ダーウィン（Darwin, Ch.）13
田中寛一（タナカ カンイチ）109
ターマン（Terman, L. M.）22, 36, 109
ダラード（Dollard, J.）71
ティンバーゲン（Tinbergen, N.）63
デューイ（Dewey, J.）11, 21
ドイッチュ（Deutsch, M.）86
トールマン（Tolman, E. C.）12, 21, 70
中内敏夫（ナカウチ トシオ）114

■は行

パヴロフ（Pavlov, I. P.）11, 21, 65, 70
バート（Burt, C. L.）105
ハル（Hull, C. L.）11, 21, 68
バルテス（Baltes, P. B.）27
バンデューラ（Bandura, A.）21, 71
ピアジェ（Piaget, J.）14, 21, 27, 42, 56
ピアソン（Pearson, K.）157, 159
ビネー（Binet, A.）13, 22, 109
ビューラー（Bühler, C.）48, 52
広岡亮蔵（ヒロオカ リョウゾウ）114
プラトン（Platon）89

ブルーナー（Bruner, J. S.）14, 21, 79
ブルーム（Bloom, B. S.）148
プレスコット（Prescott, P. A.）49
フレーベル（Fröbel, F. W. A.）13
フロイト（Freud, S.）12, 21, 29, 31, 74
フロム（Fromm, E.）12
ペスタロッチ（Pestalozzi, J. H.）13
ヘルバルト（Herbart, J. F.）13, 21
ボウルビィ（Bowlby, J.）21, 44
ボーリング（Boring, E. G.）105
ホリングワース（Hollingworth, L. S.）48, 52
ホール（Hall, G. S.）48, 50, 53
ホルネイ（Horney, K.）12

■ま・や行

マレー（Murray, H. A.）77, 103
マズロー（Maslow, A. H.）119
ミード（Mead, M.）48
宮城音弥（ミヤギ オトヤ）94
宮沢賢治（ミヤザワ ケンジ）140
ミラー（Miller, N. E.）71
村瀬嘉代子（ムラセ カヨコ）145
孟子（モウシ）92
モイマン（Meumann, E.）13
森田洋司（モリタ ヨウジ）131
モルガン（Morgan, C. D.）103
ヤーキーズ（Yerkes, R. M.）111
矢田部達郎（ヤタベ タツロウ）101
山田昌弘（ヤマダ マサヒロ）61
ユング（Jung, C. G.）12, 22, 97

■ら・わ行

良寛（リョウカン） 140
ルソー（Rousseau, J. J.） 13, 48, 52
レヴィン（Lewin, K.） 12, 48, 121, 126
ロジャーズ（Rogers, C. R.） 139
ローゼンタール（Rosenthal, R.） 85
ローゼンツワイク（Rosenzweig, S.） 103, 120
ロールシャッハ（Rorschach, H.） 103
ローレンツ（Lorenz, K. Z.） 25
ワイナー（Weiner, B.） 78
和辻哲郎（ワツジ テツロウ） 90
ワトソン（Watson, J. B.） 11, 21, 26

事項索引

■あ行

愛他的行動　46
愛着　44
IT　88
浅見光彦症候群　60
アスペルガー症候群　144
遊び　45
遊び型非行　128
アメリカ陸軍式検査　111
安全欲求　119
アンダー・アチーバー　117
いきなり型非行　128
育児放棄（ネグレクト）　45
いじめ　129
一次的欲求　118
一卵性双生児　91
一般因子（g因子）　106
一般型　24
因子分析　97
インターンシップ（就業体験）　134
インプリンティング　25, 64, 173
WISC（ウィスク）　110
WIPPSI（ウィプシィ）　110
WAIS（ウェイス）　110
内田クレペリン精神作業検査　102
横断的研究法　35
応用行動分析　83
大脇式盲人用知能検査　111
オーバー・アチーバー　117
オペラント条件づけ　67

■か行

外言　31
外向型　97
介護等体験　162
改正教育職員免許法　165
外胚葉型　97
開発的教育相談　135
外発的動機づけ　76
回避－回避葛藤　121
回避学習　68
回避訓練法　83
カウンセリング　138, 173
カウンセリングマインド　140
学業不振　117
学習　63
学習曲線　70
学習指導要領　151
学習者検証の原理　81
学習障害（LD）　144
学習優位説　26
学力　112
学力の真正性　148
学力評価　146
学力偏差値　116
学力モデル　112
過剰正当化効果　77
仮説実験授業　79
学校教育法　164

学校心理学　19
学校心理士　20, 138
学校評価　147
家庭訪問　143
葛藤　121
カリキュラム評価　146
感覚運動期　30, 42
感覚記憶　73
間隔尺度　154
環境閾値説　27
環境的要因　92
玩具　45
観察学習　71
観察法　15, 34, 100
干渉説　74
記憶　72
気質　93
技能学習　69
機能心理学　11
記銘　72, 87
客観テキスト　147
虐待　45
ギャング　56
ギャングエイジ　46
キューイング　81
吸啜反射　38
教育課程審議会　152
教育基本法　90, 160
教育指数　114
教育実習　164
教育職員　164
教育職員免許法　14, 162
教育心理学　9, 173
教育相談　133

教育測定運動　13, 147
教育年齢　114
教育評価　146
教員採用試験　170
教員免許更新制　165
鏡影描写　69
強化　67, 71
共感的理解　140, 145
教授＝学習過程　79
教職教養　171
競争的事態　86
共通特性　99
恐怖条件づけ　66
協力的事態　86
均衡化　30, 42
具体的操作期　30, 42
グッドイナフ人物画テスト　111
虞犯行為　127
クラウダー型プログラム　81
クラウド　56
クリーク　56
グループ学習　81
K-ABC　111
経済型　97
形式的操作期　30, 42
形成的評価　149
系列学習　65
ゲシュタルト心理学　12
原因帰属　78
けんか　46
言語学習能力診断検査（ITPA）　111
言語発達　41
検索　72, 87
検索失敗説　74

検査法　34
原始反射　38
源泉特性　99
権力型　97
効果の法則　68
攻撃機制　122
高原現象　70
高次精神機能　30
口唇探索反射　38
構成心理学　10
行動主義　11
合理化　123
刻印づけ　64
心の教室　143
心の理論　43
個人内評価　149
古典的条件づけ　65, 67
個別特性　99
コホート分析　36
コラボレーション　138
コンサルテーション　138

■さ行

再構成法　72
再生法　72
再認法　72
作業検査法　102
三項随伴性　83
シェーピング　67
シェマ　28, 42
自我　56
自我同一性　50, 52, 60
時間的逆向干渉説　74
時間的順向干渉説　74

時間見本法　100
ジグゾー学習　82
自己一致　140
試行錯誤説　68
自己概念　57
自己実現欲求　119
自己速度の原理　81
自殺　132
事象見本法　100
自然的観察法　100
実験的観察法　100
実験法　34
失敗回避欲求　78
質問紙調査法　17
質問紙法　101
指導要録　150
自閉症　144
社会化　55
社会型　97
社会的参照　44
社会福祉施設　163
習慣的反応　99
宗教型　97
集団式知能検査　111
縦断的研究法　36
10年経験者研修　168
授業評価　146
主題統覚検査　103
順序尺度　154
順序相関係数　158
昇華　123
生涯発達　23, 27
消去　66
賞訓練法　83

条件刺激　66
条件づけ　65
条件反射　66
少子化　37, 60
成就指数　116
成就値　116
触法行為　127
所属・愛情欲求　119
事例研究法　17, 35
人格　89
神経型　24
神経症的行動　125
新行動主義　11
心誌　99
新生児　37, 40
新生児期　38
診断的評価　149
審美型　97
信頼性　147
心理社会的危機　33
心理的・社会的欲求　119
心理テスト　101
心理療法　139, 173
進路指導　134
スキナー箱　67
スクールカウンセラー　138
スモール・ステップの原理　80
性格　89
生活型非行　128
生活年齢（CA）　109
正規分布曲線　149, 156
成功獲得欲求　78
成熟優位説　25
生殖型　25

精神年齢（MA）　109
精神分析　12
精緻化　73
生得的行動　63
生徒指導　134
青年期平穏説　62
生物学的要因　91
性ホルモン　54
性役割　52
生理的欲求　119
積率相関係数　157
積極的反応の原理　81
接近－回避葛藤　121
接近－接近葛藤　121
接近の法則　66, 68
絶対評価　149
全国標準学力検査　114
前操作期　30, 42
躁うつ気質　95
総括的評価　149
相関係数　156
想起　72
総合学習　87
相互作用説　26
操作期　30
相対評価　149
相談室登校　143
層理論　93
即時確認の原理　80
ソシオメトリー　17
尊敬欲求　119

■た行

第一成長期　38

第一反抗期　45
体型説　95
退行　123
体質　93
代償　123
第二次性徴　49, 52, 54, 57, 60
第二成長期　38
第二反抗期　52, 57
タイプ　95
代理強化　71
多因子説　106
確かな学力　112
脱衛星化　55
達成動機　77
達成度評価　150
妥当性　147
短期記憶　73
知覚運動学習　69
知能　105
知能検査　13, 108, 112
知能構造モデル　107
知能指数（IQ）　109
知能偏差値　109
注意欠陥多動性障害（ADHD）　144
中央教育審議会　87, 133
中胚葉型　97
長期記憶　73
調査法　34
調節　30, 42
直線型プログラム　81
貯蔵　72, 87
治療的教育相談　136
対連合学習　65
通知表　150

詰め込み教育　87
ティーチングマインド　140
ティーチング・マシン　80
適応　122
適応機制　122
適応指導教室　143
テスト法　16
適正処遇交互作用　84
同一視　123
動因低減説　68
投影法　103
同化　28, 42
動機づけ　75, 173
道具的条件づけ　67
洞察説　70
投射　123
道徳性　34, 56
逃避学習　68
逃避機制　123
特殊因子（s因子）　106
特殊教育諸学校　163
特殊的反応　99
特性論　97
特別支援教育　143
取りやめ訓練法　83

■な行

内言　31
内向型　97
内省検査　101
内胚葉型　97
内発的動機づけ　76
2因子説　106
二次条件づけ　66

二次的欲求　118
ニート　61
日本教育心理学会　14
二卵性双生児　91
認知学習　70
認知心理学　87
認知地図　70
認定評価　149
粘着気質　95

■は行

把握反射　38
バウムテスト　104
白昼夢　123
バズ学習　81, 173
バズセッション　81
パーソナリティ　89, 95, 100
罰訓練法　83
発見学習　79, 173
発生的認識論　28, 42
発達加速現象　54, 60
発達曲線　24
発達障害　145
発達障害者支援法　144
発達段階　28
発達の異速性　24
発達の最近接領域　31, 42
発達の順序性　23
発達の方向性　23
発達の連続性　24
パフォーマンス評価法　152
ハロー効果　16, 86, 173
般化　66
犯罪行為　127

反社会的行動　124
反動形成　124
$B = f(P \cdot E)$　126
P-Fスタディ　103, 123
ピグマリオン効果　85, 173
非行　126
非社会的行動　125
人見知り　44
標準偏差　155
表象期　30
表面特性　99
比率尺度　154
フェーディング　81
複線型プログラム　81
輻輳説　26
符号化　72, 87
不適応行動　124
不登校　141
部分強化　67
プラトー　70, 173
フリーター　61
ブルーム・タキソノミー　114
ブレーン・ストーミング　82
プログラム学習　80, 173
分化　66, 68
分散　155
分枝型プログラム　81
文章完成法検査　104
分布曲線　156
分裂気質　95
平均値　154
ペルソナ　89
偏差　155
偏差知能指数　110

弁別　67
防衛機制　123
忘却　73
忘却曲線　73, 173
保健室登校　143
歩行反射　38
保持　72
ポートフォリオ評価法　152
ホメオスタシス　118
本能的行動　63

■ま行

マージナル・マン　48
ミネソタ多面的人格目録検査　101
無条件刺激　66
無条件の肯定的尊重　140, 145
名義尺度　154
面接法　16, 100
メンタルテスト　13
孟母三遷　92
模擬授業　173
モデリング　71
モラトリアム　50, 60
モロー反射　38
問題行動　125
文部科学省　112, 119, 132, 150

■や行

役割的性格　93
野生児　26
矢田部・ギルフォード性格検査　101
やる気　75
有意味学習　80
有意味受容学習　79

ゆとり教育　87
養育態度　94
養護教諭　137
抑圧機制　124
抑圧説　74
欲求　118
欲求不満　120, 122
欲求不満耐性　122
予防的教育相談　135

■ら・わ行

来談者中心療法　139
ラポール　16, 101
リハーサル　73
リビドー　31
理論型　97
臨界期　25
臨床心理士　138
リンパ型　25
類型論　95
ルーブリック　152
レスポンデント条件づけ　67
レディネス　25, 31, 173
連合理論　70
練習曲線　70
ロールシャッハ検査　103

編　者

藤田　主一　日本体育大学名誉教授
楠本　恭久　福山平成大学福祉健康学部

執筆者〈執筆順，（　）内は執筆担当箇所〉

藤田　主一（1章，9章）編者
伊坂　裕子（2章）日本大学国際関係学部
横川　ひさえ（3章）千葉県スクールカウンセラー
田之内　厚三（4章）麻布大学名誉教授
久我　隆一（5章）前日本大学文理学部
三村　覚（6章）大阪産業大学スポーツ健康学部
楠本　恭久（7章，12章）編者
齋藤　雅英（8章）日本体育大学スポーツ文化学部
山田　清陽（10章）前日本体育大学体育学部
岡部　康成（11章）帯広畜産大学畜産学部

教職をめざす人のための教育心理学

2008年3月20日　初　版　発　行
2022年2月10日　第13刷発行

編　者	藤 田 主 一
	楠 本 恭 久
発行者	宮 下 基 幸
発行所	福村出版株式会社

〒113-0034　東京都文京区湯島 2-14-11
電話　03-5812-9702　FAX　03-5812-9705
印刷　モリモト印刷株式会社
製本　協栄製本株式会社

© S. Fujita, Y. Kusumoto　2008
Printed in Japan
ISBN978-4-571-20071-7　C3011
定価はカバーに表示してあります。

福村出版◆好評図書

藤田主一・齋藤雅英・宇部弘子 編著
新 発達と教育の心理学

◎2,200円　ISBN978-4-571-22051-7　C3011

発達心理学，教育心理学を初めて学ぶ学生のための入門書。1996年初版『発達と教育の心理学』を全面刷新。

藤田主一 編著
新 こころへの挑戦
●心理学ゼミナール

◎2,200円　ISBN978-4-571-20081-6　C3011

脳の心理学から基礎心理学，応用心理学まで幅広い分野からこころの仕組みに迫る心理学の最新入門テキスト。

藤田主一・板垣文彦 編
新しい心理学ゼミナール
●基礎から応用まで

◎2,200円　ISBN978-4-571-20072-4　C3011

初めて「心理学」を学ぶ人のための入門書。教養心理学としての基礎的事項から心理学全般の応用までを網羅。

日本応用心理学会 企画／藤田主一・浮谷秀一 編
現代社会と応用心理学 1
クローズアップ「学校」

◎2,400円　ISBN978-4-571-25501-4　C3311

目まぐるしく変化する現代社会に対応を迫られる学校。現場で何が起きているのか，「こころ」の問題を探る。

藤田主一・齋藤雅英・宇部弘子・市川優一郎 編著
こころの発達によりそう教育相談

◎2,300円　ISBN978-4-571-24067-6　C3011

子どもの発達に関する基礎知識，カウンセリングの理論・技法，学校内外の関係者との協働について解説。

藤田主一・齋藤雅英・宇部弘子・市川優一郎 編著
生きる力を育む生徒指導

◎2,300円　ISBN978-4-571-10184-7　C3037

生徒指導の重要概念や教師が直面する具体的な問題について解説。平成29年告示学習指導要領に対応。

楠本恭久 編著
はじめて学ぶ スポーツ心理学12講

◎2,300円　ISBN978-4-571-25043-9　C3011

スポーツ心理学の研究領域を概観できる初学者向けのテキスト。新しい知見も取り入れ，わかりやすく解説。

◎価格は本体価格です。